FATOR ALFA

ISMAEL DE ARAUJO E BIANCA ZANATTA

FATOR ALFA

A ARTE DE TRANSFORMAR O RELACIONAMENTO A DOIS

MATRIX

Matrix Editora - Tel. (11) 3868-2863
atendimento@matrixeditora.com.br
www.matrixeditora.com.br

Diretor editorial
Paulo Tadeu

Capa e diagramação
Daniela Vasques

Foto dos autores
Edson Kumasaka

Revisão
Adriana Wrege
Silvia Parollo

Ilustração da capa: Shutterstock

Dados Internacionais de Catalogação na Publicação (CIP)
SINDICATO NACIONAL DOS EDITORES DE LIVROS, RJ.

Zanatta, Bianca
Fator alfa : a arte de transformar o relacionamento a dois / Bianca Zanatta, Ismael de Araujo. - 1. ed. - São Paulo : Matrix, 2014.
256 p. ; 21 cm.

ISBN 978-85-8230-130-2

1. Relação homem-mulher 2. Casais - Psicologia 3. Técnicas de autoajuda. I. Araujo, Ismael de. II. Título.

14-10314

CDD: 158.1
CDU: 159.947

Para os moleques, o Isminha e o Tom.
Que são uns moleques e,
por isso mesmo, são demais.

E para a fada madrinha Niuka,
que sempre encontra um tempinho
pra nos mimar – e inspirar – com
sua inteligência afiada, seu humor
elegante e seu grande amor.

PREFÁCIO

*Por **Cátia Fonseca** – apresentadora e jornalista*

Há um ano tive o prazer de conhecer o Ismael e a Bianca, um casal que consegue como poucos mostrar o que é um relacionamento saudável.

Tenho o prazer de poder conviver com essas duas pessoas que conquistaram algo complicado nos dias de hoje... E que decidiram agora dividir essa conquista com todos por meio deste livro: a união de diferenças! Ainda bem que somos todos diferentes, mas complementares.

Falar sobre relacionamento pessoal nos dias de hoje é importantíssimo, uma vez que a solidão faz parte da vida de muitas pessoas que estão em busca de um companheiro – ou ainda mais sério, quando essa solidão vem dentro de um relacionamento recente ou de muitos anos.

Na busca incansável pelo sucesso profissional ou por medo de se envolver, as pessoas têm deixado pra trás algo primordial: a satisfação amorosa.

Muitas vezes não percebemos que estamos vivendo de forma automática e que também nos acostumamos a alguns relacionamentos que não queremos mais. O medo de se expor, do novo, do desconhecido e principalmente das cobranças dos familiares faz a gente viver pela metade.

Será que sou a amiga, companheira, mulher, amante e, acima de tudo, será que tenho a felicidade que mereço?

Mas como perceber tudo isso na nossa vida? Como iniciar essa busca?

É justamente aí que entra a história deste livro: como se enxergar neste contexto e como iniciar essa busca pela felicidade! Não podemos esperar o príncipe ou a princesa encantada, devemos, sim, buscar o que é felicidade pra gente! E isso só depende de nós e vem a partir de concessões.

Ao Ismael e à Bianca, a dupla do Fator Alfa que consegue equilíbrio e harmonia na vida profissional e pessoal, desejo ainda mais felicidade e sucesso nesta nova fase!

Agora cabe a você, leitor, iniciar através deste livro a sua nova oportunidade de encontrar a felicidade.

Boa leitura!

SUMÁRIO

POR QUE O FATOR É ALFA?

Desde que a gente começou a ir à TV palpitar sobre tudo, falar da gente e, sobretudo, falar da vida, dos problemas e das picuinhas alheias, percebemos que falta na vida da maioria das pessoas um jeito, uma atitude mais firme, mais honesta, mais alinhada com aquilo que é mais importante: o que a gente realmente é e quer ser.

Da menininha que namora o garotão desde o sexto ano até hoje só porque ele foi o sujeito que, desajeitadamente, tirou a virgindade dela, até a Dona Maria que o-de-i-a o maridão só porque ele dá risada de um jeito estranho, a gente vai se ajeitando a coisas de que não gosta porque, afinal, vale a pena mexer em coisa que vai dar trabalho, problema e, principalmente, vai gerar algum sofrimento antes de mudar pra melhor?

Ok, ok. Neste exato momento você deve estar pensando: rapadura é doce, mas de mole não tem nada. Exato! E é por isso mesmo que nossos dentes devem estar firmes e afiados para sentir o sabor, nossos olhos atentos, nosso nariz ligado para o que cheira mal, as orelhas em pé para aquele silêncio que às vezes bate e incomoda, a pele querendo sentir algo que ainda não temos... Paladar, visão, olfato, audição, tato... No entanto, falta um sentido, aquele que muita gente ignora, mas que unifica todos, faz a gente antecipar as cagadas e ter premonições e atitudes que salvam histórias... E implodem as que precisam ser destruídas para um bem maior. Muitas vezes não dá pra se "dar ao luxo" de deixar rolar. Essa intuição, esse jeito de cuidar da própria vida doa a quem doer, sem jamais perder a capacidade de gozar e fazer coceguinha, é o que a gente chama de FATOR ALFA.

"Minha namorada não fica de quatro pra mim"; "Meu marido não faz sacanagem comigo"; "Faz anos que não recebo flores"; "Acho que minha melhor amiga está dando pro meu noivo"; "Meu namorado tem um cheirinho que me incomoda"; "Por que ele não lê meus pensamentos...?"; "Será que vale a pena passar a vida ao lado dessa pessoa?". Dos questionamentos mais banais aos existenciais, quem é o grande responsável por uma vida plena e pronta para sofrer, amar, curtir, trepar, fazer amor, passear e passar por várias mortes, lutos reais e aqueles que a gente deve causar para andar pra frente, sempre? A resposta dá medo. Dá medo porque traz a responsabilidade para um só ser: você mesmo. Vai encarar?

Para este livro, é claro, fundamentalmente, como jornalistas do comportamento, a gente palpitou, falando sério e fazendo graça. Mas para saber mais e ampliar a discussão, conversamos com especialistas incríveis e importantes na cena brasileira que investigam e ajudam as pessoas a se entenderem melhor. E pode ter certeza de que escrever este livro foi transformador para nós também. A cada tema que abordamos na TV, no blog ou nestas páginas, veio uma pequena – ou grande – crise, que gerou pensamento, discussão e, de prêmio, uma bela trepada no final. A gente espera que você leia este livro assim: de guarda aberta, pensando sobre suas próprias atitudes e posicionamentos. Chega de responsabilizar os outros, né?

Obrigado ao psicólogo Frederico Mattos, nosso jovem Dalai Lama que traz leveza para os papos mais insanos da TV. Vamos nos lembrar sempre da conversa aberta e do cheiro dos charutos Montecristo do filósofo mais lido do Brasil, o Luiz Felipe Pondé, que nos recebeu em sua casa para falar de manias, vícios, taras e outras baixarias. Ao Waldemar Magaldi Filho, mestre e curador de almas, um salve por nos mostrar o caminho que leva do pornô ao Ágape. Para a apresentadora Cátia Fonseca, deixe a gente falar mais no programa, vai... E saiba que seu carinho estimulou MUITO as páginas deste livro. À Vanessa de Oliveira, um pescoção e um beijo estalado na bochecha de "pin-up" pelo conjunto da obra. Sem esquecer nosso colega Felipeh Campos, que nos mostrou com sabedoria a não diferença fundamental de todo e qualquer ser humano que se mete a viver uma vida a dois, e o milagreiro André Massaro, que nos ensina a falar de dinheiro sem acabar com o tesão. Um grande abraço também ao Rodrigo Riccó, o Quentin Tarantino da nossa TV aberta, que deu muita força pra toda essa verborragia. Ah... E Detetive Ângela, pra você, nada a declarar - além de muita saudade.

É isso aí. Boa leitura. Leia um pouquinho de cada vez. Reflita sobre cada tema. Divida a experiência deste livro nas suas rodas. Escolha trechos pra ler a dois, a três, na hora da paz ou do arranca-rabo, tanto faz. Concorde, discorde e vá sempre para o único lugar possível: ao encontro de você mesmo. Na vida a gente passa pelos lugares, pelas coisas e pelas pessoas para ter o encontro final e fatal com nossa imagem, transcendente ou hedionda, diante do espelho. GO!

POR QUE TENHO QUE SER ALFA?!

Essa história de macho alfa foi usurpada da zoologia. Dentro de algumas sociedades animais (geralmente "sociais", que andam em bandos), existem os machos que são líderes (e por isso denominados "alfa", que é a primeira letra do alfabeto grego). Eles comem a melhor fêmea, são os melhores caçadores, batem a primeira parte do rango, defendem o grupo com maestria e descansam nos lugares mais gostosos – geralmente deitados por cima dos outros machos, com vista para o mar.

Também seguindo a ordem alfabética da história, há os machos beta, que são os segundos na hierarquia do "pau na mesa". Eles auxiliam o alfa nas caçadas, ajudam a proteger o bando e compram as brigas. São aquele braço direito, os capangas de confiança. Mas caso o senhor alfa morra ou perca o direito à posição hierárquica por alguma cagadinha, quem assume o lugar dele é o beta. O lugar, a melhor parte do rango e a fêmea, claro.

E aí vem o ômega, que é a última letra do alfabeto grego. Por aí já dá pra deduzir que se trata do macho mais "fraquinho" da história, em todos os sentidos: come por último e é bode expiatório de qualquer coisa que dê errado, já que pau na mesa não é com ele. Ao mesmo tempo, quando o bicho pega, o grupo o protege sempre – afinal, ele é da família e não sabe se defender sozinho. Mas fêmea, que é bom, nada. E com certeza o coitado deve dormir embaixo do resto, esmagado, lutando pra respirar.

É óbvio que ninguém quer ser ômega na vida. E antes que alguém se sinta ofendido, não estamos aqui fazendo uma apologia barata do padrão óbvio de pessoa alfa. NÃO. Entenda: não importa o que você é – playboy, perua, nerd, moderninho(a), surfista, hippie, intelectual, atleta, astronauta, herdeiro(a), narigudo(a) ou pessoa com cara de paisagem. Mas, com certeza, com a mais profunda certeza, você quer ser camisa 10 no seu estilo. Ninguém quer dizer que é um nerd nota 3, que não se aprofunda muito na coisa, um atleta medíocre, que não consegue correr mais de 20 minutos, ou um astronauta que não vai pra Lua, mas chega ao Pico do Jaraguá. Todo mundo quer ser alfa, independente de personalidade e opção de vida. Porque todo mundo quer ser muito bom no que faz e no que é – e por isso mesmo ter o respeito do grupo de que faz parte (e também – ou até – dos outros grupos).

DO QUE EU PRECISO PRA SER ALFA?

Fora as características óbvias – e por vezes escrachadas – do que é ser um homem ou uma mulher alfa, temos pra nós que o indivíduo alfa precisa reunir três qualidades fundamentais numa equação básica: INTELIGÊNCIA, FORÇA e AFETO. Não adianta ser uma pessoa inteligente, um líder que contagia a todos que estão à sua volta com suas ideias, iniciativas e sucesso, mas no quesito emocional ser um trator psicopata que atropela todo mundo e trata tudo na base da porrada. Também não vale nada você ser uma fortaleza que resiste bravamente a todos os tombos e tropeços que a vida – e os outros – pregam, mas que também não se deixa afetar por nada nem por ninguém. E muito menos adianta ser aquela pessoa que abraça o mundo, cuida, protege e nutre com toneladas de amor, mas não consegue organizar o caos da sua cabeça e se aprofundar em conhecimentos. Você vira um sofá – confortável, aconchegante e com o conteúdo de uma almôndega. Pior ainda quando a pessoa força a vontade mais um pouco e se torna a eterna vítima (aquela que cede tanto "pelos outros" que acaba se anulando por completo – e ela acha que faz isso por altruísmo, mas na verdade faz porque é muito mais confortável parar na porteira pra deixar o resto passar).

Ser alfa não é tarefa fácil. Exige um trabalho ferrado de corpo e mente. Exige, mais do que iniciativa, disciplina e empenho. Até que você deixe de QUERER SER para de fato SER, existe um caminho – e isso não acontece do dia pra noite. É como qualquer coisa que se queira aprender na vida. Na primeira vez que a criança sobe na bicicleta, sente tanto medo que parece que vai cair de um prédio de 15 andares. Daí vai ensaiando, todo santo dia, até que o pai solta da garupa, fala que ela está andando sozinha, ela se desespera, cai e se rala inteira. A criatura fica duas semanas sem querer ver roda pela frente. Mas aí é que está a beleza desse exemplo: uma criança que quer aprender a andar de bicicleta pode até levar uns tombos, ralar a bunda, ficar um tempo traumatizadinha da silva. Mas ela não desiste do objetivo e faz, faz, faz, até que aquilo se torne orgânico – tão orgânico a ponto de ela, um tempo depois, conseguir pedalar ouvindo música, mandando torpedo e coçando o nariz ao mesmo tempo. Sabe por quê? Porque quando a criança decide que quer aprender a andar de bicicleta, ela se vê andando. Ela se vê voando sobre duas rodas, dando derrapadas radicais com o tigre do Sucrilhos®, correndo com os outros meninos do bairro pra salvar o E.T., sentindo o vento bater na cara com os braços abertos... A criança mentaliza a cena e faz o que for preciso pra chegar lá. E "o que for preciso" não é passar por cima dos outros, causar terremotos ou mudar de sexo (nesse caso específico, claro!). A batalha é puramente interior. A criança contra os medos dela, as dificuldades, os desafios, as limitações. Você contra os seus medos, as suas dificuldades, os seus desafios, as suas limitações.

Existem muitos livros que explicam por que a gente faz o que faz, outros tantos que falam sobre como mudar de comportamento. Toda essa literatura vale a pena, seja ela acadêmica ou coisa que os acadêmicos olham com carinha de nojo. Mas o suco que você vai tirar disso pra se tornar uma pessoa mais inteligente, forte e afetuosa é o pulo do gato. Você sabe das suas deficiências profundas mais do que ninguém – até porque, convenhamos, tem muita coisa que dá pra fingir até certo ponto, mas que não dá pra levar pra frente quando um relacionamento se prolonga um pouco mais. A gente é pego com a boca na botija: "Você mentiu, você se vendeu como outra coisa!". Opa, neném. Tá na hora de falar sério.

Então, não importa de que lado do pintassilgo você esteja – positivo ou negativo –, identifique onde está a SUA deficiência e corra atrás. Na natureza, quem nasce alfa reina, quem nasce ômega come capim velho; já o ser humano é capaz de raciocínio e força de vontade pra se autoavaliar e se transformar. Você pode ter sido beta, ômega, preguiçoso(a), periquito hermafrodita ou lesma até hoje – mas pode se tornar uma criatura ALFA quando quiser. Só precisa olhar pra bicicleta, se ver voando sobre pedais e ter consciência de que não pode soltar do guidão até chegar lá, não importa quantos tombos leve no meio do caminho. E você vai levar. Porque, como dissemos na introdução deste livro, ser alfa não é tarefa fácil. É mais ou menos como nas artes marciais: quando você se torna faixa preta é que começa a treinar de verdade. Porque a faixa preta não é um fim, mas sim o começo do verdadeiro "savoir faire" – expressão francesa que significa, literalmente, saber fazer.

Então, pra gente entender essa equação do SER ALFA (INTELIGÊNCIA + FORÇA + AFETO = VOCÊ MAIS PERTO DE VOCÊ MESMO), aqui vão as três definições essenciais.

Inteligência: inteligência é ter capacidade de aprender, entender, desenvolver o intelecto. É ter jogo de cintura pra enxergar onde desatar o nó em situações problemáticas. Ser inteligente não é ter um diploma de faculdade pendurado na parede, mas não vá achando que deitar no sofá de olho fechado e esperar que o Conhecimento Universal penetre seu cerebrozinho vai te deixar inteligente. Não vai. Para desenvolver perspicácia e intelecto, você tem que correr atrás e em diversas direções (mas calma, a gente vai falar disso em detalhes mais adiante!).

Força: nããão, pra ser forte você não precisa tomar anabolizante, se enfiar na academia e só sair de lá quando estiver parecendo o ator e lutador Dwayne Johnson (principalmente se for mulher, pelamor!). A força a que a gente se refere é vigor, é energia moral. A pessoa forte não foge do sofrimento: ela olha pra ele, analisa, sofre e se renova. Já a pessoa fraca morre de medo de sofrer e acaba metendo os pés pelas mãos, se escondendo e fazendo um monte de cagada pela vida porque fica fugindo dessa coisa de sentir dor. Só que quem se esconde da vida não tem a menor chance de ser alfa em nada.

Afeto: afeto é amor – e todos os sentimentos que fazem parte disso. Afeto também vem de "afetar", que é atingir, abalar, comover. Uma pessoa que tem afeto sabe doar amor e amizade e sabe também se deixar abalar pelos outros. Isso é fundamental para que o ser humano consiga fazer suas trocas. É a partir das trocas, que precisam ser cada vez mais ricas e gostosas em toda e qualquer área da vida, que a gente consegue se aproximar daquilo que realmente quer ser (também vamos falar disso mais adiante).

I + F + A. Essa é a equação que você precisa ter em mente, de hoje em diante, quando for lidar com qualquer situação da vida (e, principalmente, quando for lidar com você mesmo).

Antes de começar de uma vez por todas, temos ainda um ponto a esclarecer: normalmente, o termo "alfa" vem acompanhado de "macho" (na biologia, na mídia, na literatura corporativa e por aí vai). Por isso mesmo a gente criou o conceito de FATOR ALFA: percebemos que as características que definem esses seres "alfa" não dependem do sexo. Existem mulheres alfa – tão ou mais alfa do que muito macho. Mas, claro, para que essa teoria fique muito bem explicadinha, as próximas páginas são inteiramente dedicadas à definição da MULHER ALFA (leitura importante tanto para as senhoras e senhoritas que querem ser alfa quanto para a machaiada que quer entender/conhecer/estimular esse tipo de mulher).

MULHER ALFA NÃO É MACHO MAL-ACABADO!

Nunca foi tão difícil ser mulher quanto nos dias de hoje. Quem diz o contrário está mentindo deslavadamente. As gerações anteriores brigaram por voto, liberdade sexual, liberdade de expressão, igualdade profissional. Ufa, depois de mais de dois mil anos correndo de triciclo, queimando na fogueira e levando forca no pescoço de vez em quando, chegamos lá. Só que daí metade do mundo – seja por hábitos culturais tão velhos que têm cheiro de mofo ou por tradições que passam de avó pra mãe e de mãe pra filha – diz que isso é errado; e o pior: a outra metade – composta por feministas bigodudas que já criaram teia de aranha e mulheres com síndrome de centro do mundo munidas de multivibradores com três velocidades – diz que isso "não é errado, mas não é suficiente: nós não devemos querer os mesmos direitos que os homens pra andar de mãos dadas no fim de tarde e no fim da vida, mas sim guerrear de igual pra igual – e pra isso teríamos que ser como eles".

Hã? Respire e tenha paciência.

Se você está lendo este livro, com certeza foi metralhada por todas as vertentes daquele guia que ninguém comprou mas parece que todo mundo nasceu lendo: "Como ser uma mulher feliz, linda, gostosa, desejada e bem-sucedida". Tadinha. E acaba aqui nossa compaixão. Não espere que a gente te chame de "querida" e fique passando a mão na sua cabeça. Aqui você será tratada como MULHER, não importa se tem 15 ou 80 anos. Então escute de uma vez por todas: se você acha que tem alguma receita mágica pra ser uma grande mulher, esqueça. Mude a chave. A gente pode – e vai – te dar os ingredientes pra ser uma pessoa melhor, pensando sempre em manter o grande diferencial da feminilidade.

Mas ser mulher ALFA não é só saber cuidar de casa e fazer carinho no ego do seu macho; ser mulher também não é só saber chupar com maestria e ter dez pintos ligando no seu celular desesperados pra sair com você no sábado à noite. Pra terminar, ser ALFA não é só se alienar no trabalho e se achar porque anda de tailleurzinho por aí dando ordens, deixando o lado pessoal pra qualquer dia desses. Grande porcaria. Ser mulher ALFA é chegar em casa – seja ela qual for – e saber que você é todas essas coisas; mais do que isso, saber que você escolhe pra que lado quer ir. Nesse fim de semana ou pro resto da sua vida. De que jeito você quer ser vista, admirada e amada. Pelo seu macho, pelos seus amigos, pelos seus filhos, pelos seus colegas de trabalho. E se quiser ir pra todos os lados, melhor – você pode. Mas tem muito trabalho pela frente. Este livro vai te inspirar a correr atrás disso sem sombra de dúvidas – mas a corrida verdadeira e definitiva vai ser só sua.

Nunca queira ser só uma coisa (a "boa moça" ou a "femme fatale"; a "intelectual sensível", a "viciada em trabalho bem-sucedida" ou a "dona de casa prendada que faz uma feijoada inesquecível"). Queira ser todas – ou um pouco de cada uma delas. Não deixe nunca nada pra trás.

Não existe coisa mais boçal do que uma mulher achar que não pode ser tudo que quiser ao mesmo tempo. O espaço que você vai dedicar ao crescimento de cada uma das suas tradições é que vai variar.

Claro que não dá pra você trabalhar 8 horas num escritório de advocacia, fazer lição de casa com os filhos, se inscrever num curso intensivo de artes visuais à noite, cozinhar a Santa Ceia de segunda a segunda, gabaritar todas as posições do *Kama Sutra* de madrugada, treinar pra ser triatleta das 5h às 7h e ainda reservar duas horas do dia pra dar um tapa no visual e ficar ir-re-sis-tí-vel sempre que sai do banheiro. Mesmo que você não dormisse, seria impossível. O que dá é pra priorizar aquilo que faz parte da sua rotina e usar o tempo livre pra se dedicar aos pequenos gostos e aprendizados.

A ideia não é você se tornar uma mulher completa da noite pro dia, mas sim trabalhar pra que essa mulher nasça e se desenvolva ao longo da sua vida (o nome disso em inglês é "work in progress" – um trabalho que vai acontecendo aos poucos e continuamente, sem nunca ser deixado de lado). O interessante é que no meio do processo você já se sente uma pessoa melhor porque vai dando saltos de qualidade que te estimulam a ir mais longe.

E de uma coisa você pode ter certeza: toda mulher que se dispõe a botar a mão na massa pra corrigir deficiências e potencializar qualidades na vida já pode se considerar uma grande mulher – aí, sim, desde o primeiro dia.

I

SE CONHECENDO...

E SE RECONHECENDO

NOS BRAÇOS DO CUPIDO

Se você fosse fazer uma lista das cinco sensações mais prazerosas da vida, levando em consideração tanto as que conheceu lá atrás, quando ainda era criança, até as que foi experimentando ao longo do tempo, quais seriam elas?

Tem gente que fala do cheiro de bolo de fubá saindo quentinho do forno, de abaixar o vidro do carro na estrada e sentir aquele ventinho fresco na cara no primeiro dia das férias de verão; tem gente que fala de pisar na areia fininha com os pés descalços ou de escutar a chuva caindo lá fora, enquanto se enfia debaixo do edredom e vê um filme de sessão da tarde num dia de folga; tem gente que fala de sair do cinema depois de assistir ao melhor filme dos últimos anos ou de chegar ao aeroporto de uma viagem muito longa e encontrar a família toda esperando, com abraços cheios de saudade; tem até gente que acha que um dos prazeres mais honestos da vida é poder se coçar até dizer chega quando está com uma coceira danada ou sentar na privada depois de chegar correndo e muito, muito apertado.

Seja qual for a sua lista – e as dezenas de coisas em que você possa ter pensado –, com certeza há um item que é tiro e queda (e se você não tiver pensado nele, agora vai falar "nossa, é mesmo!"). Uma das sensações mais prazerosas que o ser humano pode experimentar é a de se apaixonar – e ser correspondido. Aí é um tal de frio na barriga, coração pulando mais forte, vontade de dançar pelado no meio da rua, dormir e acordar com um sorriso no rosto e achar que, com a mais certa das certezas, nunca na vida foi tão feliz. E paixão é isso mesmo: uma descarga danada de químicas e hormônios no cérebro (e, por consequência, em todas as células do corpo) que realmente deixa a gente em coma paixonístico. E é gostoso, é lindo. Só que, por ser um lance muito químico, chega uma hora (depois de semanas ou meses, dependendo da pessoa) que o cérebro reequilibra os níveis das tais substâncias e a gente se acalma. Ainda bem, por sinal, porque os pesquisadores dizem que, se isso não acontecesse, nosso organismo provavelmente entraria em colapso.

SE CONHECENDO...

Conta a lenda que José conheceu Mariazinha, um se encantou com o outro e os dois começaram a sair. Dali a pouco não conseguiam mais se largar. Estavam juntos todo santo dia, como se tivessem uma dependência mútua, mesmo. E era uma agarração que não tinha fim – cinco, seis, sete trepadas por dia, paravam só pra tomar banho e comer pizza (na cama).

José nem sabia se Mariazinha tinha defeitos porque tudo que ele via era bonito: os olhos, a bunda, o sorriso, o sotaque meio caipira, o jeitinho de passar batom na frente do espelho e depois borrar as roupas dele com um monte de beijos e a voz bonita que cantarolava músicas que ele nunca tinha ouvido. Mariazinha não ficava atrás na babação de ovo. Olhava pro José e ficava comovida com o jeito carinhoso que ele tinha de tratar os pais, o desenho que a barba cerrada fazia no rosto dele, os braços, as mãos fortes, o cheiro dele logo que eles acabavam de transar loucamente, as palavrinhas que ele falava meio errado e que ela corrigia com um cafuné.

E as coisas foram indo num ritmo desenfreado. Viajaram, fizeram planos, casaram, tiveram filhos. José e

Mariazinha não sabem ao certo o que aconteceu – nem em que ponto, no meio de tanto cotidiano –, mas aquele alvoroço apaixonado do começo passou. E aí as cinco trepadas diárias viraram cinco anuais, geralmente com data marcada: aniversário de um e de outro, aniversário de casamento, depois de uma briga que quase deu em divórcio e no primeiro dia do feriado prolongado no hotel fazenda. José começou a se irritar com as olheiras da Mariazinha – e também com a bunda caída, o sorriso amarelo, o sotaque caipira in-su-por-tá-vel, a mania de passar batom demais e manchar a bochecha dele logo cedo, a voz esganiçada cantarolando música brega pra cacete e atrapalhando a narração do documentário que ele está vendo na TV.

Mariazinha não ficou pra trás no quesito saco cheio. Olhava pro José e ficava à beira de um ataque de nervos com o grude que ele tinha com os pais, o tanto que aquela barba malfeita arranhava a cara dela, os braços, as mãos de cavalo que quebravam tudo quanto é louça fina que ela tinha herdado da avó, o futum dele sempre que chegava de um dia de trabalho, o analfabetismo crônico que a deixava morta de vergonha nos coquetéis da empresa.

Então a gente olha pra isso tudo e pergunta: onde foi que José e Mariazinha erraram?

...E SE RECONHECENDO

Pra começo de conversa, na efusão da paixão ninguém para pra pensar muito no que o outro tem de problemático ou desagradável. Até as coisas mais toscas viram "charme pessoal". Só que, quando a química do cérebro normaliza, nossa parte racional começa a ditar as regras. E é aí que se constrói o amor. O amor, ao contrário da paixão, vê, sim, qualidades e defeitos. Só que o erro que quase todo mundo costuma cometer é ignorar esses defeitos, varrê-los pra debaixo do tapete, até que se tornem um elefante cor-de-rosa com bolinhas amarelas no meio da sala.

É claro que José e Mariazinha se amavam – afinal, além do número de abertura espetacular que teve a história deles, os dois deram as mãos e fizeram uma cacetada de coisas juntos. Só que, no meio do furacão que é esse nosso roteiro básico de existência (conhecer, se apaixonar, juntar ou casar, ter filhos ou gatos persas, construir carreira, ganhar dinheiro, ter netos ou mais gatos persas, pagar um bom plano de saúde e morrer), são poucos os que param pra prestar atenção nos detalhes. E os detalhes, às vezes, podem mudar a história de um indivíduo – e, por consequência, a história de um casal. Para isso é preciso mais do que um falar pro outro que não gosta disso ou daquilo. Cada um tem que se olhar no espelho diariamente e fazer uma análise profunda – muitas vezes até dolorosa – do que é e do que precisa transformar.

José teria continuado a achar o sotaque caipira da mulher um charme se ela tivesse corrido atrás das raízes e aprendido a tocar viola caipira. Ele teria adorado se ela tivesse cuidado das olheiras pra que os olhos de jabuticaba continuassem a piscar com aquele brilho bonito, mesmo depois dos anos que correram por baixo da ponte. Mariazinha admiraria José se ele tivesse lido mais e aprendido que degraus não são *degrais*. Ela teria sorrido mais se ele viesse dar um beijo de bom dia nela com a barba feita e um perfume gostoso – e se ao voltar pra casa tomasse um belo banho antes de sentar no sofá e abrir uma cerveja.

Qual é o grande segredo dos casais que funcionam, então? **Tudo está nos detalhes.** Se a gente reparar neles e cuidar deles antes que o outro tenha de esfregá-los na nossa cara – ou simplesmente ignorar até o ponto do surto psicótico –, com certeza o amor vai ser mais amor. E até a paixão, que não passou de uma reação cerebral e quase animalesca que fez com que tudo isso acontecesse, vai voltar a bater na porta, de vez em quando, pra que as cinco trepadas anuais se tornem mensais e sem data certa pra acontecer. Até que a morte – ou a impotência sexual, a osteoporose e a menopausa – não os separe, mas faça com que outros momentos sejam mais importantes (e, se os detalhes tiverem recebido seus merecidos cuidados e transformações, esses momentos do cotidiano serão tão memoráveis quanto qualquer boa trepada).

RELACIONAMENTO NÃO É BOLO DE FUBÁ

Tudo muito bonito, ao mesmo tempo tudo muito assustador. Se você pretendia abrir este livro, sentar no troninho e descobrir que existe algum grande segredo pra ter sexo, amor, fidelidade e tesão pelo resto da vida – e sem nunca mais ter que encarar pés na bunda, brigas e chifres hediondos –, a gente te dá o lencinho (pra enxugar as lágrimas, pelamordedeus!). Não existe segredo. Todo mundo, quando se envolve com alguém, se expõe imediatamente aos riscos que muitas vezes vêm no pacote da vida a dois. E se você está atrás de alguma estratégia mirabolante porque tem medo de se machucar ou porque acha muito complicado e trabalhoso estar em um relacionamento, neném, melhor ficar em casa cuidando do seu aquário (existem pessoas que optam por isso, acredite, e encontram lá sua equação de satisfação na vida).

Então tá, não tem segredo, até porque não se trata de uma receita de bolo. Mas, conversando com um monte de pessoas interessantes e pensantes enquanto a gente escrevia este livro, deu pra pescar algumas ideias comuns. Como já dissemos, não vamos te entregar uma receita pronta que não funciona, pra depois seu bolo desandar e você esconjurar estas linhas até o fim da sua existência, mas com certeza alguns ingredientes fundamentais a gente conseguiu fisgar.

Dá para viver uma história a dois sem meter os pés pelas mãos?! Passado o período em que a paixão faz tudo pelo casal, como é que a gente trabalha para que o relacionamento continue a ser bom?

››› 1. Untando a fôrma

Se vocês acabaram de se conhecer e estão justamente naquela fase em que acham tudo lindo, não percam a oportunidade de já colocar os pingos nos "is" desde o começo. Por mais que um seja mais tímido e fechado e o outro prefira viver o momento em vez de ficar pensando no futuro e planejando tudo, aproveitem o fato de que, nessa etapa, todo mundo tende a falar e se abrir mais do que o normal. Pessoas apaixonadas revelam detalhes de si mesmas para o objeto de paixão, mas pra isso você precisa perguntar – e contar também, afinal, é uma troca.

Não estamos falando aqui de ficar fazendo interrogatório sobre ex-namorados e ex-namoradas. A ideia é procurar conhecer e entender como a outra pessoa encara pequenos e grandes detalhes da vida e do cotidiano, identificar no que vocês são diferentes e até que ponto essa diferença pode se tornar um incômodo, um dia (porque agora, como já falamos, naaaaada incomoda). Gosta de sair? Tem algum hobby que adore? Gosta de ter tudo arrumadinho no lugar certo ou é daquelas pessoas que entram em casa e jogam um sapato pra cada lado? Como é a relação com a família? Gosta de viver idílios amorosos ou é uma pessoa que não vive sem os amigos?

A partir das respostas que um tem do outro, não existe momento mais adequado do que o da paixão pra já se colocar: "Olha, eu odeio sociabilizar. Posso até sair com seus amigos pra um jantar aqui ou uma festa lá, mas tem que ser de vez em quando, senão vai me sufocar. Você consegue dar uma espaçada maior e fazer coisas a dois, sem que eles estejam sempre com a gente?". Se o interesse for genuíno, a pessoa do outro lado vai entender, desde já, que precisa equilibrar as coisas. Ou talvez aconteça o inverso: "Olha, eu sou baladeira pra caramba. Amo sair com meus amigos pra dançar, jantar, pegar um cinema, construí essas amizades desde cedo e elas são muito importantes pra mim, tipo uma válvula de escape. Você consegue viver com isso? Tem vontade de participar disso comigo?". De cara, os dois já vão saber até que ponto o outro está disposto a chegar – e também quais são as casas de marimbondo em que, se mexerem, vai dar merda. Assim fica muito mais fácil não pisar no calo do outro e fazer a brincadeira do "cede aqui, cede lá".

››› 2. Batendo a massa

O segundo item que a gente identificou como essencial para o bom funcionamento de qualquer relacionamento é a questão dos espaços. Muita gente, depois que o amorzinho se instala e vem aquele sentimento bom de segurança, estabilidade, coisa e tal, tende a folgar e invadir o espaço do outro. Estamos falando primeiro dos espaços físicos – sabe quando o marmanjo deixa toalha molhada em cima da cama e cueca no chão, e a donzela lota o armário do banheiro de produtos para o cabelo e larga a chapinha dentro da pia ligada na tomada? No abecê da boa convivência, é óbvio que essas coisas começam a encher o saco, por mais que os dois sejam desencanados e zen. E isso acontece porque, ao contrário das outras situações em que duas ou mais pessoas se juntam sob o mesmo teto – repúblicas de estudantes, neto indo morar com a avó, pais e filhos, amigos e qualquer outra combinação possível –, os casais não têm o hábito de estabelecer regras de convivência dentro de casa. Sabe aquela coisa de pendurar na geladeira uma relação de direitos e deveres? "Lavar o prato que usou, colocar a roupa suja no cesto, não usar a caneta de pintura pra fazer lista de supermercado, apagar as luzes quando sair, limpar a areia do gato" e por aí vai. Claro que vocês não precisam literalmente pregar uma lista na cozinha, mas definir quem faz o quê e, principalmente, o que **não** deve ser feito ajuda muito a evitar estresse.

O segundo tipo de espaço é aquele que caracteriza os gostos de cada um. Há muitos casais em que o gosto de um dos dois é absolutamente anulado na casa. Um exemplo? O cara sempre foi louco por carrinhos, tem uma coleção gigantesca, quadros, pôsteres e o escambau. Só que, quando eles vão morar juntos, a mulher pega tudo aquilo e enfia dentro do armário – ou, no máximo, cede o quartinho dos fundos pra ele poder organizar as coisas dele e passar uns minutinhos admirando a coleção, vez ou outra. Enquanto isso a casa é decorada com cangas floridas e velas perfumadas – nem parece que tem um macho vivendo lá também. Agora a gente pergunta: que tal a Mariazinha deixar o José pregar duas estantes no meio da sala e meter lá os 687 carrinhos dele? Que tal eles decorarem a parede de um dos banheiros com os quadros de carro? Ah, ela acha brega, acha infantil? Imagine o que ele acha das cangas floridas! Só que, se o gosto de cada um tiver espaço dentro da casa, em cada ambiente, seja nos detalhes ou no macro, Mariazinha vai se sentir feminina e dona do espaço e José vai se sentir viril e dono do espaço também. E aí o espaço, em vez de ser ringue de boxe ou uma fotografia de casa de boneca, vai se transformando num elemento de estímulo para o casal, que começa a criar um gosto próprio, na base da parceria, das memórias e do que cada um tem pra trazer de bom pra dentro da casa – e do relacionamento.

››› 3. Assando o bolo

Tão importante quanto o espaço físico é o espaço da individualidade. E está aí uma jaca em que quase todo casal costuma pisar. No começo os dois têm seus hábitos e pequenos prazeres que sempre praticaram sozinhos – ele gosta de sentar na poltrona, apagar a luz e tomar um uísque ouvindo Led Zeppelin e de ir pra praia pelo menos uma vez por mês; ela gosta de conhecer todos os novos restaurantes bacanas e de dançar gafieira. Com o tempo – e a nova cadência de casal –, esses prazeres ficaram pra trás. Pior: quando José se serviu de um uísque, apagou a luz e sentou na poltrona, Mariazinha entrou com tudo na sala, acendeu a luz e gritou que ele tinha mais o que fazer, pelamor. Foram pra praia duas vezes no começo, depois não mais, "porque a vida é corrida". Em vez de conhecer os novos endereços badalados da cidade, começaram a ir sempre ao restaurante da esquina, porque era mais prático, mais barato e lá eles eram "da casa". E Mariazinha nunca mais pisou numa casa de gafieira porque José deixou bem claro que achava um saco. Onde está a grande enrascada, na sua opinião? Aqui vão nossas soluções:

a) Para que a individualidade não se perca no meio do caminho, a primeira opção é que **o outro seja convidado a participar do seu prazer individual** - e, por sua vez, que a pessoa dê estímulos para que esse hábito continue acontecendo porque sabe que você gosta (e ponto).

b) Como ninguém é obrigado a ouvir Led Zeppelin ou dançar gafieira - e o não gostar também faz parte de uma individualidade que precisa ser respeitada -, a segunda opção é **permitir que o outro mantenha seus hábitos e prazeres de antes, contanto que não firam, claro, o acordo do casal**.

O ideal é que as duas opções se misturem, para que o casal também não seja aquela geleca amorfa que faz tudo junto, tudo igual, mas que desfrute junto de alguns aspectos do universo particular de um e outro. Olha que legal na prática: Mariazinha faz questão de bater cartão na praia uma vez por mês porque sabe que José gosta e ela também passou a gostar, mas deixa que ele apague a luz da sala pra curtir sozinho por duas horas ininterruptas seu uísque e seu Led Zeppelin; José reserva um dinheirinho todo mês pra levar Mariazinha aos restaurantes novos que ela tanto curte conhecer - e ele mesmo passa a gostar de comer e beber bem - e deixa que ela vá se divertir de vez em quando com os amigos na gafieira, afinal ele acha um saco, mas não vê problema na diversão. É claro que, nesse processo, algumas coisas da individualidade são deixadas pra trás porque simplesmente não têm a ver com a vida a dois. Mas muitas outras podem - e devem - fazer parte da nova vida.

>>> 4. Colocando a cobertura (e a cereja do bolo)

Mulheres, POR FAVOR, depilem-se com frequência. Homens, cortem as unhas dos pés SEMPRE. Fiquem atentos ao desodorante vencido e ao chulé. Se a situação está impraticável, tome um banho no meio do dia, dane-se. Mesmo que a intenção não seja a de transar naquele dia específico, os casais mais duradouros e bem-sucedidos sempre estão atentos a esses pequenos asseios básicos. Porque não há nada mais excruciante do que encostar numa perna peluda de mulher debaixo do cobertor ou ser arranhada pelo pé de Zé do Caixão do cara. E não dá pra ter vontade de abraçar ou ficar perto quando a pessoa exala um futum dos infernos e não se preocupa em parar dez minutos pra dar uma renovada no cheirinho. Por mais que isso pareça absurdamente óbvio para alguns, para outros é uma bobagem superficial. É aí que tantos namoros e casamentos promissores naufragam, entre outras coisas: por causa de economia de sabonete ou preguiça de passar gilete na canela.

O LADO CABRA MACHO E O LADO MULHERZINHA DE CADA UM NOS DAI HOJE!

Homens e mulheres são muito diferentes por natureza. E não estamos falando do óbvio ululante, que pende ou não entre as pernas, mas da psicologia de um e outro. Por isso não importa se você nasceu na realeza britânica ou se foi criado numa tribo indígena isolada em Machu Picchu: essas estruturas fazem parte do que você tem aí dentro e trazem muitas consequências para a formação da sua individualidade e personalidade.

Os homens tendem a ser mais *ânimus* e as mulheres mais *ânima* - apesar de todos carregarem os dois aspectos em sua personalidade, em menor ou maior grau. E por que estamos falando disso aqui? Porque essa história explica muito a dificuldade tremenda que homens e mulheres têm de se entender. As características básicas que definem o ser masculino, por exemplo, são as de ser ativo, rígido, cobrador, ligado à razão, buscar o conflito e a agressividade e usar mais o amor condicional - o famoso "eu te amo, mas você tem que atender a uma série de exigências e expectativas, senão eu simplesmente deixo de te amar e como a vizinha". Já a personalidade feminina é mais passiva, flexível, tolerante, sentimental, intuitiva, evita o conflito, é protetora do mundo afetivo, superligada à criação e, claro, usa mais o amor incondicional - sabe o "sei que você tem milhares de defeitos e come a vizinha, mas eu simplesmente te amo"? Pois é. Importante: isso não quer dizer que todos os homens são única e obrigatoriamente machões agressivos e todas as mulheres flores cândidas à espera da carnificina (afinal, quantas mulheres você não conhece que cobram pra caramba e compram briga de nove dias por qualquer motivo - até porque o Zé não usou apoio de copo e colocou a cerveja gelada em cima do tampo de vidro da mesa - e homens que só dizem "amém" para toda reclamação que ouvem da mulher e topam qualquer parada, até almoço diário na casa da sogra escutando Wando, para não desagradar a patroa?).

Colocando os pingos nos "is", fica mais fácil compreender certas coisas - e mudar outras. Porque o processo em que a gente tem que entrar de cabeça é justamente unir o melhor dos dois lados, pra virar uma pessoa mais completa, harmoniosa. E mais feliz, claro. Mas pra chegar a esse ponto todo mundo tem que viver um monte de angústias e conflitos internos, que são consequência dessa eterna disputa que acontece não só com o sexo oposto, mas entre esses dois polos que existem dentro de nós: o masculino e o feminino. Ei, Dona Maria, pode ter certeza de que tem alguma coisa em você que pede pra coçar o saco. E pode ter certeza de que o João, quando está sozinho na madrugada assistindo à TV, chora emocionado vendo a cena do vaso de barro de *Ghost*. Eis os mistérios da vida!

Enfim, um caminho mais curto para tentar solucionar essa equação é prestar mais atenção às coisas que a gente NÃO É e precisa APRENDER A SER – e pra isso o "outro" é tão importante. Em vez de olhar pra ele ou pra ela e descer o cacete em críticas, porque é muito fácil meter o pau naquilo que incomoda, que tal olhar para a pessoa e perceber que o que incomoda tanto é na verdade uma coisa que você faz, mesmo que às vezes – ou que gostaria de fazer, talvez? Olhe o tamanho da pesquisa. É coisa de fuçar sua biblioteca emocional e mental, lembrar-se de histórias que você enterrou no passado pra nunca mais.

A partir daí, homens e mulheres podem passar a adotar aspectos uns dos outros que completam aquilo que eles são. Exemplos práticos? O cara que cobra muito da mulher – casa limpa, intelecto afiado, contribuição financeira, bunda dura, boquete toda noite, organização das contas domésticas, opiniões colaborativas, unhas feitas, comida (de chef) na mesa ou cafuné pra dormir – pode passar a flexibilizar as exigências, a partir do momento em que ele entende, por ter interiorizado um pouco do universo feminino, que a mulher moderna é sobrecarregada e que ele mesmo não faz metade do que exige dela. E aquela mulher que costuma engolir críticas a seco e ficar chorando trancada no banheiro, achando que é uma vítima silenciosa dos crimes verbais do cara, pode se tornar mais racional e agressiva – no bom sentido – a partir do momento em que encontra uma fórmula equilibrada entre o "pôr o pau na mesa" e o carinho incondicional – porque senão ela corre o risco de virar um pastiche* de macho. E ninguém merece.

Sem nenhuma apologia a Che Guevara e à ditadura cubana, vamos aqui tirar de contexto uma frase genial do líder-carisminha-tosco pra simplificar a ideia: "Hay que endurecer, pero sin perder la ternura jamás". É preciso endurecer, mas sem perder a ternura. E para quem tem o problema inverso, é só inverter a ordem, neném. Porque é preciso, sim, aprender o carinho – mas sem jamais perder a rigidez.

---

* "Pastiche" não é pastel de maxixe. Essa palavrinha veio do francês e quer dizer **cópia** – mas nunca se usa no bom sentido, claro. Normalmente se refere a cópias malfeitas e descaradas, com selinho de "la garantia soy yo".

BATE-PAPO FATOR ALFA

"Achar que um relacionamento vai resolver os problemas é um dos grandes erros do ser humano"

Para o filósofo Luiz Felipe Pondé, hoje a gente se acha muito mais livre, mas na verdade não sabe lidar com uma série de coisas (morte, sexo, solidão, relacionamento). O desejo, no entanto, continua a ser um mistério que nenhuma ciência de relacionamento pode explicar – e amar continua a ser o mais gratificante dos mistérios.

Nunca se pensou nem se falou tanto em relacionamento. O que antes parecia um bê-á-bá que a gente já tinha na ponta da língua – do momento em que começa a despontar o interesse pelo outro até a fração de segundo que antecede o respiro derradeiro – hoje se tornou mais complexo, cheio de poréns e possibilidades. Na era da "ciência do relacionamento", todo mundo tem a intenção de se analisar a fundo e viver tudo a fundo. E rápido. Rápido porque não há tempo a perder, porque temos uma pequena consciência da brevidade da vida e o ritmo que o sistema todo impõe cresce feito um Godzilla em cima de Tóquio. Aí a gente acha que está fazendo mais, tendo mais experiências, trepando mais e amando mais. Será?

À medida que temos a sensação de ter conquistado mais liberdade na cama e nas formas de construir um relacionamento do jeito que achamos mais apropriado ao nosso estilo de vida, vem também, na mesma proporção, um sentimento fulminante de insatisfação. Agora a gente casa só no papel, com separação parcial de bens; os casais clássicos de qualquer idade vão para a igreja, mesmo que seja a única vez na vida, e gastam o preço de uma casa na decoração e na festa dos sonhos; outros são alternativos, só juntam as escovas de dente e fazem um "open house" para ganhar utilidades domésticas moderninhas dos amigos também moderninhos. Mas, assim que se veem a sós na nova realidade, têm seu nariz esfregado na dureza de pedra da vida conjugal. E pra quem achava que seriam só bons momentos e não dá conta do outro lado, nada melhor do que viver nos nossos tempos – é só separar, divorciar e partir pra outra. E então nos separamos, divorciamos e partimos pra outra... pra descobrir, na maioria massacrante e alarmante das vezes, que o buraco da insatisfação é mais embaixo.

Nosso entrevistado sobre os grandes mistérios que inquietam o homem moderno (aqui "homem" como representante da raça humana e não só do sexo masculino) e tiram nosso sono à noite, a exemplo das pequenas e grandes mortes que vivenciamos a cada dia, é o filósofo Luiz Felipe Pondé. Professor da PUC e da FAAP, colunista da *Folha de S. Paulo* e autor de diversos livros em que destila sua "filosofia selvagem e prática", Pondé nos empurra para a beira do abismo e nos obriga a olhar para baixo, custe o que custar. "Tenho a impressão de que nossas avós trepavam mais e melhor do que nós", diz, fazendo a gente refletir sobre a qualidade das liberdades que conquistamos – e se elas são de fato verdadeiras. Da banalização do sexo, das crises e do medo do silêncio ao vício que o ser humano tem de achar que o relacionamento vai salvá-lo dos problemas, dos medos e da grande angústia da vida, não sobra pedra sobre pedra.

Para quem procura uma luz no fim do túnel, o filósofo do politicamente incorreto tranquiliza: podemos ter a certeza de que tudo e todos morrem. Mas se a ideia é realmente tornar o caldo da vida grosso e mais interessante enquanto ainda estamos nela, Pondé sublinha a importância de criarmos nossas tradições. São elas que podem nos trazer uma satisfação real e concreta, além do respeito que todos nós buscamos – e, principalmente, são elas que vão fazer com que quem está à nossa volta queira mesmo estar perto.

Ismael – *Tem uma coisa que a gente percebe hoje: a mulher está se masculinizando no comportamento, no jeito de se vestir... Tem mulher que acha que maquiagem é degradante e machista, já ouvi até relato de mulheres que não gostam de transar de quatro porque consideram a posição submissa. Então vamos começar por aí: por que a mulher não quer mais ficar de quatro, que é uma das posições mais gostosas que existem?*

Bianca – *Inclusive pra mulher! Isso é que eu quero entender!*

Pondé – Pois é, essa discussão já me custou muito numa coluna da *Folha* (risos). Saiu uma pesquisa na revista *VIP* feita com mulheres entre 19 e 49 anos sobre uma série de coisas. Uma delas era a posição preferida. E mais de 50% das respostas, claro, foi "de quatro". Então essa coisa de que mulher não gosta de transar de quatro é uma invenção de feminista. Eu acho que o feminismo tem mesmo que ter uma discussão sobre Lei Maria da Penha, igualdade de salários e tal. O problema é quando o feminismo entra embaixo do lençol. Não sei quantas vezes eu já disse que as feministas não entendem nada de mulher – e algumas ficam muito bravas comigo, mas é o que eu acho. A começar por essa história de dizer que a posição de quatro é submissa, animaliza a mulher, faz parecer que ela é uma cadela do homem... Aí eu só posso falar... Citando Nelson Rodrigues, por exemplo. Ele conta que quando estava fazendo o ensaio de uma das montagens de *Vestido de Noiva*, as atrizes ficavam disputando entre elas porque todas queriam fazer a prostituta. Aí ele escreve naquele movimento hiperbólico do Nelson: "A atriz queria ser prostituta, a dona de casa queria ser prostituta, a professora queria ser prostituta... Uma atriz que ainda não viveu o papel de prostituta ainda não é atriz. A prostituta é a vocação mais antiga da mulher, não a profissão mais antiga!". Essa tentativa de transformar a relação entre homem e mulher numa relação "correta" deixa todo mundo brocha – o homem e a mulher. Os caras hoje são muito acuados, morrem de medo! Parece polícia na frente dos black blocs! Não sabem fazer o que têm que fazer, os caras têm medo! E as mulheres, pela minha experiência – inclusive de conversar com muita leitora e dar entrevista para revista feminina –, ficam de bode dos caras.

Ismael – *Você falou aí da cadela. Dá pra dizer que toda mulher precisa ser chamada de cadela na cama?*

Pondé – Eu acho que muita mulher gosta disso. Não sei se toda, porque as taras e desejos sexuais variam (tem homem que gosta de ser submisso, tem casais em que uma hora é um, outra hora é o outro...). Mas eu acho que essa coisa de ser chamada de "cadela" faz parte do jogo sexual. Essa palavra "machismo", hoje em dia, me dá um pouco de sono. Qualquer coisa que você fala, vem uma feminista e diz: "Isso é machismo! Isso é falta de respeito!". Imagine se você pode ter uma vida sexual saudável ou ativa de alguma forma com todo esse respeito!

Bianca – *Uma coisa que eu percebo também é que, com essa autoafirmação mais feminista das mulheres, os caras estão ficando inseguros, retraídos, sem coragem* *de ser homens. E agora a mulherada está reclamando que os caras não são machos, não têm pegada, não têm iniciativa. Você acha que essa desmasculinização do homem é consequência da masculinização da mulher?*

Pondé – Acho que sim. O homem começa a ter medo já desde pequeno. Na escola, é um massacre: professoras tornando os meninos acuados, fazendo com que eles tenham medo. Outro dia mesmo eu estava discutindo com um grupo de alunas de 18, 19 anos e elas falam muito disso: uma coisa é aprender que você tem que respeitar as meninas socialmente. O uso correto da palavra "machista" é pro cara grosso, aquele que acha que mulher não é inteligente etc. E aí vem aquela confusão: ela pode ser uma baita advogada ou médica e adorar transar de quatro. Mas essa confusão de meio de campo deixa os meninos com medo desde cedo porque às vezes é a própria professora que chega na sala, pra meninos de 10 ou 12 anos, e já começa com esse discurso de gênero, da construção social do macho, da crítica do macho... E depois a mulherada fica louca porque os caras ficam brochas, não só no sentido mecânico, mas na cabeça!

Ismael – *Eu estava vendo uma pesquisa que diz que o Viagra é um dos remédios mais vendidos. É muito utilizado de maneira recreativa, ok, mas tem a ver com a insegurança do homem? A gente está usando o Viagra como muleta?*

Pondé – De novo volto às minhas discussões com meninos de 18, 19 anos: o Viagra aparece como a garantia. O moleque toma pra garantir que não vai dar bode na hora. Porque se der, a menina vai começar a falar que ele brocha e vão espalhar na faculdade que ele é brocha, então, em vez de ser um remédio usado só por gente que tem dificuldade de ereção, começa a ser usado como muleta, uma garantia de que na hora do "vamos ver" vai funcionar!

Ismael - *E como é que você vê a evolução do sexo, Pondé? Você acha que a gente está numa era de liberdades, o povo está mais esclarecido com relação ao sexo, ou a gente na verdade andou pra trás? Pra precisar desse monte de muleta, será que antes não era melhor?*

Bianca - *Sim, porque ao mesmo tempo que surgiram as liberdades - pode tudo, a três, a quatro, a cinco -, vieram também essas paranoias: "Não me chame de cadela, não faça isso, não faça aquilo". Então, de fato, que liberdades foram conquistadas?*

Pondé - O Nelson Rodrigues tinha também uma frase boa sobre isso: "O desejo também precisa de seu claustro". Quer dizer, a liberdade não é a única boa parceira do desejo. O desejo também precisa de vergonha, de pecado, de constrangimento, de limite, de insegurança no sentido de "posso? Não posso? Chego nela ou não?". Então essa liberdade excessiva gera uma síndrome que o Nelson chamava de "crioulo da Grapette", que era o cara que vendia o tal refrigerante, passam duas gostosas do lado dele e ele não está nem olhando pra elas. A "over exposition" é tamanha e tão fácil (aquilo que ele chamava de confundir sexo com sede) que acaba-se construindo uma liberdade que mata o desejo sexual. É mais ou menos como te obrigarem a beber água 15 vezes por dia porque uma lei mandou. É claro que não tenho comprovação científica, então não posso fazer uma afirmação como esta, mas tenho a impressão de que as nossas avós transavam melhor. No passado se fazia mais sexo. Acho que hoje se fala muito, todo mundo fica querendo passar a imagem de que está trepando (você é o único que não está trepando porque na empresa todo mundo está transando embaixo da mesa), a vida de todo mundo é superdivertida e a sua é a única que é pautada por trabalho, conta pra pagar, responsabilidade, cobrança. E aí eu acho que dá pra falar que, de repente, hoje é pior. Cientificamente não dá pra fazer essa comparação, mas todo esse blá-blá-blá sobre liberação e revolução sexual criou um enorme marketing – o de se projetar superlivre, bem resolvido.

Ismael – *Tem a ver com essa coisa de a gente estar a dois cliques de triplas penetrações no "PornoTube", desses sites que tem na internet? Hoje em dia qualquer moleque de 12 anos de idade em dois cliques vê vídeo de um cara transando com Dobermann!*

Bianca – *É, rolou uma banalização. Quando eu era pequena, achar um filme pornô escondido no armário dos meus pais era um evento, um tesouro! Aí sentava todo mundo junto pra ver correndo antes que eles chegassem, depois ia cada um pro seu canto. Tinha um tesão em cima dos segredos do sexo que agora não tem mais!*

Pondé – Pecado dá mais tesão do que liberação! Essa coisa de encontrar tudo na internet o tempo inteiro acaba criando um bode mesmo.

Ismael – *E as pessoas reproduzem padrões? O homem de hoje quer ter o desempenho de um ator pornô?*

Pondé – Eu gravei um programa sobre sexo para a TV Cultura e uma das convidadas era uma atriz pornô que agora saiu do cinema adulto, então ela conta a experiência dela. Uma das coisas que ela fala é que os caras ficam cheios de ideia na cabeça, achando que têm que fazer milhares de coisas, enquanto ela só responde: "Meu amigo, faz o seu feijão com arroz, que hoje em dia ninguém consegue fazer, que já tá bom!". Faz seu trabalhinho, presta atenção, cumpre o que tem que ser feito em vez de ficar construindo milhares de posições como se a vida fosse um filme de sacanagem. A vida não é. Tanto que os filmes de sacanagem, do ponto de vista da realidade, são péssimos. Às vezes a cena de um filme normal é mais erótica do que um filme pornô.

Ismael – *Vamos agora mudar o rumo da prosa e falar de relacionamento. O ser humano é angustiado por natureza. Como é que é o encontro de duas angústias dentro de uma casinha de dois dormitórios, com filho pequeno pra criar, conta pra pagar...? Essa equação está fadada ao fracasso? Se na individualidade já é difícil lidar com os problemas inerentes à vida, como é fazer isso a dois? Dá certo?*

Pondé – Isso faz pensar numa excessiva demanda que nós temos uns com os outros hoje – e os mais jovens ficam cada vez mais sob essa demanda. Você mal se suporta e ainda tem uma tabela de coisas que exige como necessárias para uma relação ser bem-sucedida. O sociólogo Zygmunt Bauman disse o seguinte: que o mundo pós-moderno é cheio de ambivalências que foram criadas pela tentativa de não ter mais ambivalências. Então o feitiço virou contra o feiticeiro (ele fala isso no livro *Modernidade e ambivalência*). Os casais acham que vão resolver as ambivalências da vida numa relação muito clara, em que todas as questões estão postas e tudo é conversado. Não vai dar certo. Parte da vida a dois vai pelo que não é bem dito, pelo que fica meio na sombra, pelas dúvidas não resolvidas. Quando a angústia se transforma numa angústia verborrágica, como naqueles filmes franceses dos anos 70, em que todo mundo tem que falar e entender, cheios de palavras e questões, você racionaliza demais os sentimentos. Fala-se demais e um certo silêncio - ou uma certa coisa de "passa, a vida é assim mesmo, não tem muita solução, resolve e amanhã tá a mesma coisa" - perde o espaço. A gente quer montar uma agenda que zere a ambivalência.

Ismael - *Vamos falar um pouco sobre o silêncio, então. Esse é o grande problema da vida das pessoas. O ser humano não consegue ficar em silêncio. Se eu tô em silêncio é porque tem alguma coisa errada - ou porque não tenho amigos, ou porque ninguém me ligou nem me mandou e-mail; se eu tô em silêncio com a minha mulher em casa é porque a gente não tá trepando...*

Bianca - *E a gente recebe muito e-mail de leitoras reclamando disso. "Meu marido não fala comigo! Ele chega em casa, eu pergunto as coisas e ele não fala!".*

Pondé - Vocês viram aquela piada que correu na internet uns tempos atrás, do corintiano? A mulher do corintiano fica em pânico porque ele não está falando com ela. Aí ela começa a construir várias hipóteses: "Ele deve estar transando com a secretária, ele não tem mais tesão por mim, eu devo estar gorda, eu tô feia, preciso trocar de roupa, mudar a cor do cabelo...". E aí ela vai longe nessa angústia, passa segunda, passa terça só pensando nisso. E aí aparece o que ele está pensando enquanto ela está pensando nisso tudo: "Puta que pariu, esse Corinthians...!" (risos). Então, o silêncio do corintiano às vezes é só o silêncio do corintiano!

Ismael - *Mas já existiu alguma sociedade na história da humanidade que lidava bem com essa questão do silêncio e da individualidade ou foi sempre essa merda?*

Pondé - Eu tenho a impressão de que hoje a gente lida pior com um certo número de coisas. A morte, o silêncio, a vida sexual... É claro que a noção de indivíduo que nós temos hoje depende justamente desse processo burguês de modernização, que é a ideia do sujeito responsável pela sua vida, que ganha seu dinheiro e não depende da família nem do passado. Inclusive o mundo hoje é muito barulhento. Você passa ao lado do Parque Villa-Lobos num domingo, às quatro da tarde, e é aquela fila enorme de carros, cheios de crianças gritando etc. E se você perguntar para aquelas pessoas por que elas estão ali, elas respondem que é porque querem ser felizes, querem ter lazer. E nisso o lazer fica pior que o trabalho.

Bianca - *Sim, porque o lazer passa por um estresse...!*

Pondé - Um estresse enorme! Você tem que produzir felicidade, produzir lazer, produzir parceria, compreensão, entendimento... Haja saco pra ter que produzir tanto de tudo o tempo todo! Então, de novo, não dá pra fazer uma afirmação científica e comparativa disso, mas tenho impressão de que antigamente a gente lidava melhor com o silêncio. Aliás, esse é o tema dos contos de uma autora canadense que ganhou o prêmio Nobel, a Alice Munro: ela fala sobre como no passado, quando ela era menina, se lidava melhor com o silêncio.

Ismael - *E qual é a dica do filósofo pro namorado que está incomodado com o silêncio da mina dele ou para aquela senhora que está preocupada com o maridão que está muito calado comendo lá o bolo de fubá dele?*

Eles percebem que o outro está tranquilo, mas ficam inquietos com o silêncio. Vamos lá: dicas do Pondé para esse convívio!

Pondé - Assim como eu acho que a primeira regra pra ser elegante é não querer ser elegante - porque quando você começa a querer ser elegante e chique, já ficou brega -, a primeira que eu diria pro moleque ou pro cara é que não fique o tempo todo querendo saber o que a mulher está pensando e o que ela está querendo. Porque se ficar perguntando e falando disso o tempo inteiro, ela vai ficar de bode de você. Mulher não suporta cara que fica dando uma de cachorrinho, ela prefere ter um cachorrinho de verdade. Então, fazendo analogia com a coisa do "elegante", se você quer prestar atenção na sua mulher ou na sua parceira, a primeira regra é não ficar querendo saber o tempo todo o que está passando na cabeça dela. E do ponto de vista da mulher em relação ao cara, lembre que a maioria esmagadora dos caras não lembra o que você estava usando dois anos atrás naquela festa. Não é porque ele não presta atenção em você ou não te ama: é porque ele não tem LUGAR no neurônio pra isso! Então, se você acha que ele não lembrou que hoje faz um ano que vocês saíram pra ir naquela festa e lá aconteceu tal coisa... é porque ele não lembrou mesmo. Então, como dizia Freud, às vezes um charuto é só um charuto, às vezes o cara não saber ou não lembrar não quer dizer que ele não te ama. Aparentemente, as mulheres têm uma necessidade maior de vocabulário subjetivo: dar nome às coisas, explicar, circular tudo, dar conta de todo o cenário. Enquanto a maior parte dos homens não é tão assim, de dar nome pra tudo, querer saber tudo que está acontecendo com ele. Principalmente porque quando o cara faz isso ela fica de bode – porque, no casal, normalmente é ela que gosta de D.R. Há um episódio da série *Friends* muito bom, em que o Bruce Willis namora a Rachel, daí ela faz umas queixas de que ele é muito machista e devia fazer terapia pra entrar em contato com ele mesmo. Aí ele começa a fazer terapia e o episódio acaba com ele deitado no colo dela chorando e falando da mãe e ela olhando pra câmera com uma cara meio de "não era ISSO que eu queria!". Resumindo a ópera, a maior parte das mulheres parece não suportar a sensibilidade masculina além da página 3.

Bianca – *Então, pensando em termos de relacionamento, o homem e a mulher têm linguagens completamente diferentes. Como é que esse encontro pode funcionar?*

Pondé – Acho que no momento em que a gente começou a produzir uma ciência sobre isso (a ciência sexual, a ciência dos relacionamentos), às vezes atrapalha. Porque nós estamos nos relacionando nesse formato, homens e mulheres, igualzinho, há no mínimo 50 mil anos. E o relacionamento entre machos e fêmeas acontece há muitos e muitos milhares de anos. De repente, isso se transformou num problema, num objeto de estudo. É claro que a gente tem aí 30 a 40 anos de mudança, no Ocidente, do lugar da mulher, ela começou a trabalhar em certas classes sociais, mas isso contra uma história pré-histórica de 160 mil anos! Então é mais ou menos como achar que o último minuto é o fundamental numa história de 30 anos. Quando você começa a ter que definir e redefinir as regras do relacionamento o tempo inteiro, isso se torna um ônus muito grande. Outra coisa: quando o relacionamento tem que ser um evento. Uma condição básica da vida concreta é que você não é feliz o tempo inteiro. As coisas não funcionam bem o tempo inteiro. É por isso que as pessoas têm que ficar ocupadas, né? Elas têm que fazer coisas. Tem um texto do Nelson muito bom, quando ele fazia aquela coluna "Myrna Responde" em que respondia a perguntas de mulheres como se ele mesmo fosse uma, e lá ele disse: "Olha, às vezes a maior felicidade de uma esposa é não ter personalidade". Isso se aplica ao homem também, mas aqui ele está falando com a mulher. Quando ela quer saber muito quem ela é, o que é o certo, já fodeu. Então, quando ele diz isso, é claro que as feministas radicais (ou "feminazis", como disse um aluno meu da faculdade) saem falando que ele disse que a mulher não tem que existir. É óbvio que ele não está falando isso. Ele está dizendo que às vezes a gente não ficar muito preocupado com o que a gente é, é um ganho. Isso é uma coisa muito velha na filosofia. Santo Agostinho, que morreu em 430, já dizia que a melhor forma de ser livre é amar, que é quando você não está pensando em você, não está voltado pra você. Idealmente, eu diria que quanto menos você estiver preocupado com você, melhor funciona o relacionamento.

Ismael – *Pondé, a gente entra aqui no seu escritório e sente o cheiro do seu charuto, vê os livros do Pondé, os objetos do Pondé. Dá pra perceber que você é um homem de rituais – e os seus rituais te dão uma autoridade, te fazem ser respeitado pela sua esposa, pelos seus filhos, no seu ambiente de trabalho. Eu acredito que todo homem e toda mulher tem que ter esse tipo de autoridade, que parte dos ritos pessoais. Em contraponto ao que você disse, de não ficar o tempo todo se analisando, você não acha que para um casal se respeitar – para um indivíduo respeitar o outro – esses rituais individuais são fundamentais?*

Pondé – Você não ganha autoridade na porrada. Desse jeito você só ganha poder. A autoridade é diferente, é uma reputação. Aristóteles dizia que reputação é um conceito público; honra é público. Não adianta você querer ter. São as pessoas que reconhecem isso em você (e esposa, filhos, pessoas do trabalho – tudo isso é público). Então, ficar com essa enorme preocupação sobre si mesmo faz com que as pessoas que convivem com você acabem te achando um chato. Quando você está o tempo todo falando e preocupado com você mesmo, achando que o mundo gira ao seu redor, quem está à sua volta fica de bode. Agora, essa coisa dos ritos pessoais é o seguinte: em vez de se preocupar em ter personalidade, a gente devia se preocupar em ter tradição. VOCÊ ter uma tradição sua – não no sentido de inventar uma religião, mas no sentido de as pessoas que convivem com você perceberem uma certa coerência. Isso é o outro que reconhece. É o outro que olha pra você ao longo da vida e vê coerência numa série de coisas. Isso também pode se aplicar ao tema da virtude. Se uma pessoa vira e fala que é supervirtuosa, você sabe que ela está mentindo. Porque isso não é uma coisa que se fala, é uma coisa que o outro reconhece em você. Aliás, quanto menos você falar, melhor é para o outro confiar no que você está fazendo. É o oposto do marketing. Não adianta você se vender como virtuoso. Virtude é uma coisa supercruel, no sentido de que ela cresce em ambiente hostil e é o outro que reconhece se você tem. É o oposto de você ficar se preocupando com você. E é claro que é muito difícil ser um indivíduo, ser responsável pelo que faz... Na realidade, eu acho que nossa sociedade fica falando de indivíduo, mas a gente caça indivíduos a paulada. Todo mundo gosta de fazer parte de grupos, de se sentir parte de um coletivo, de achar que é amado por todo mundo... Aí você se desindividualiza porque pra ser um indivíduo você tem que ser responsável, tem que assumir as coisas que faz. Então Freud tinha razão, é muito difícil amadurecer.

Ismael - *Eu percebo que os casais entram numa onda de ciclos viciosos e não virtuosos. Você pode falar um pouco disso? Quais são os principais vícios de um relacionamento nos dias de hoje? Quais são os hábitos que a maioria dos casais tem e que fazem com que saiam dos objetivos de realização pessoal e saúde familiar?*

Bianca - *Até porque muita gente procura ser um casal justamente pra fugir dessa responsabilidade de ser indivíduo. A pessoa não vê a hora de falar "nós" em vez de "eu" porque falar por si só dá medo, dá trabalho. As pessoas procuram esse coletivo também em forma de dupla, como se ser parte de um casal fosse resolver todos os problemas da vida!*

Pondé - Achar que o relacionamento vai resolver seus problemas é um grande erro e um dos vícios grandiosos do ser humano. E é também uma pegadinha, porque parece que a gente está superemancipado, no entanto o medo de ficar só é tão grande que você meio que sai perseguindo pessoas! Os caras ficam com medo de mulher assim, o tempo inteiro correndo atrás deles. Assim como os caras que ficam babando. É que normalmente a mulher acha que o cara está babando só porque quer transar com ela; já o cara acha que a mulher está correndo atrás porque quer casar. Recentemente um amigo gay me contou uma piada ótima. Pergunta: o que a lésbica leva para o segundo encontro? Resposta: geladeira, televisão, cama de casal... E o que homem gay leva pro segundo encontro? Resposta: que segundo encontro?! (risos)

Ismael - *Aliás, as mesmas regras valem para o relacionamento estável do casal homossexual? Os gays, quando arrumam namoro sério, também acabam caindo nessa onda de dependências, vícios e alienação?*

Pondé - À medida que os casais gays vão se normalizando socialmente - querer casar, ir à reunião de pais e mestres, ir com o namorado à festa de Natal e um monte de coisa de que os héteros estão meio de saco cheio, mas que os gays também querem, é o que a gente chama de normalização social -, já começam a aparecer problemas com filhos, separação traumática, os mesmos problemas que os héteros têm. Primeiro porque eles ficam pobres como os héteros. Vocês sabem que, de certa forma, quem criou a revolução gay nos Estados Unidos foi a publicidade, que descobriu que os gays tinham dinheiro. Resultado: eles começaram a ser reconhecidos no trabalho e na família e a casar porque, independente de opção sexual, o homem e a mulher são seres gregários. A nossa reprodução é gregária. Se Darwin está certo em alguma coisa é em dizer isso. A maioria esmagadora de nós quer ter parceiros. Mas isso não significa que a gente fica feliz o tempo inteiro. Voltando à pergunta anterior, um dos nossos grandes vícios é sobrecarregar o relacionamento com a ideia de que existe uma ciência do relacionamento. Outro grande vício, que vem da nossa sociedade contemporânea, é achar que a gente resolve os problemas comprando coisas. Esse vício é péssimo, porque comprar tem um efeito de droga, que dá um êxtase na hora e depois para de fazer efeito. E aí você se endivida e fica duro. Eu não tenho nada contra capitalismo, sociedade de mercado, Estados Unidos, mas isso é uma coisa com que a gente tem que tomar cuidado: ficar comprando e comprando e acreditar de fato que se você ficar dando presente pra mulher ela vai ficar feliz o tempo todo.

Ismael – *Ah, não fica? Peraí, vamos falar disso! Eu chego na casa de Pondé e ele me diz que mulher não gosta de ganhar presente!*

Bianca – *Peraí, ele tá falando "o tempo todo"!*

Pondé – (risos) É, calma aí, eu não disse isso! Essa ideia de que se você só ficar dando coisas pra mulher o tempo inteiro ela vai ficar feliz. Não, ela vai ficar de bode! E provavelmente vai procurar outra pessoa pra usar o presente que você deu.

Ismael – *Então vamos fazer uma rapidinha: o que o homem precisa dar pra mulher e a mulher precisa dar pro homem?*

Pondé – Eu acho que aí há dois níveis: o ideal, tanto do homem quanto da mulher, é dar para o parceiro aquilo que não seja óbvio. O que é o óbvio que o homem vê na mulher? Ele acha que ela quer dele sucesso, poder e segurança. Então uma mulher que passe pra ele a ideia de que ele não tem que ser o vitorioso sempre, que pode ter medo de vez em quando, não tem que ser "o fodão" o tempo todo, vai ser muito mais interessante do que uma mulher óbvia – porque o problema do óbvio é que você prevê. Quando você acerta previsões, no começo dá uma sensação deliciosa; depois, causa um enorme tédio. É por isso que às vezes eu fico pensando que, se Deus existe, uma das coisas incríveis nele é que ele não fica entediado. Porque o cara sabe de tudo! Qualquer ser humano que soubesse de tudo ia morrer de tédio. Então, para a mulher o cara óbvio é aquele que acha que o que ela quer de fato é presente e dinheiro o tempo todo, hotéis 5 estrelas e viagens caras o tempo inteiro. Na realidade, quando você está viajando em classe executiva com a mulher, isso é importante, mas mais importante é o tipo de conversa que você tem com ela dentro do avião. Agora, saindo do plano ideal – que é aquele que nunca existe plenamente no dia a dia – e indo para o cotidiano, essa história de que o homem quer que a mulher venha pelada com uma cerveja na mão é mentira. Na verdade ele prefere que ela venha de sandália alta e calcinha, não pelada. (risos) A outra coisa, do ponto de vista da mulher, é a imagem de que ela só precisa de um cara para trocar pneu. Se isso acontecer, logo mais ela para de andar de carro porque o cara só serve para trocar pneu. Então me parece que o homem e a mulher sofrem com a obviedade do outro, com essa coisa de "chegar fácil". Por quê? Porque a VIDA tem muito de óbvio.

Bianca – *Pondé, dentro disso, tanto o homem quanto a mulher têm aquelas fantasias consideradas mais óbvias e clássicas, como o cara querer comer duas meninas e a menina querer dar pra dois caras ao mesmo tempo. As pessoas caem dentro dessa obviedade uma pra outra até porque, na maioria das vezes, elas não abrem a verdade, não falam o que têm vontade de fazer. Elas morrem sem ter falado, sem ter se permitido sair um pouco do óbvio. No relacionamento, você acha que as pessoas realmente escondem as fantasias? Por que fazem isso? O que as impede de extravasar esses desejos?*

Ismael – *Ah, tem uma frase do Nelson Rodrigues que diz que o desejo, quando não é realizado, apodrece dentro do sujeito.*

Pondé – O Nelson dizia que o homem ou se angustia ou apodrece. O homem tem que saber que ele nunca está satisfeito – ele sofre com isso, mas é o que ele é. Quando ele não olha pra isso, acaba apodrecendo. Outra coisa que o Nelson dizia é que o desejo é sempre triste. Porque você quer, mas quando você realiza, já não é mais o que você quer. Aplicando isso ao assunto de casal, acho que há uma enorme inquietação de que nós teríamos descoberto fórmulas para construir relacionamentos mais sólidos, mais respeitosos e mais corretos. Isso em grande parte atrapalha o dia a dia. Com relação aos desejos misteriosos: por que o filme erótico hétero tem duas meninas transando, mas não tem dois caras transando? Por que muitas mulheres falam "Deus me livre ver dois caras transando, isso me dá nojo!", enquanto o cara acha a coisa mais linda ver duas meninas bonitas em ação, como se ele estivesse participando daquilo? Isso tem a ver com os mistérios da sexualidade, masculina e feminina. Eles são diferentes. Isso não quer dizer que você não pode atravessar de um lado para o outro – mulher gostar de dois caras transando ou ter cara que não suporta ver duas mulheres juntas. Mas desejo tem muito a ver com mistério. Acho que as pessoas não falam dos desejos por uma série de razões: ou porque têm medo de ser abandonadas, ressentimento, vergonha porque acham que seu desejo é meio miserável... Imagine um cara virar pra mulher e dizer que tem vontade que ela mije na boca dele? Ele não vai conseguir falar isso. Talvez faça com a puta, mas com a mulher dele não – inclusive porque, se ele falar, talvez a mulher fique tão horrorizada que desande o casamento! Há muita coisa em jogo num casamento, principalmente quando o casal tem filhos, casa comprada juntos, história, restaurantes que frequentam juntos, viagens, amigos. Isso já deve ter acontecido com vocês: quando um casal se separa, fica um nó entre os amigos. "E aí, qual dos dois vai ficar 'nosso amigo'?". Porque os dois não pode! (risos) E o pior é que, quando separa, as que ainda são "esposas" começam a ficar com medo da amiga, que agora está separada e de repente virou uma concorrente, virou alguém que está no mercado! Os maridos também ficam invocados de deixar as mulheres perto do cara que se separou, mas homem fica invocado mesmo quando o outro está casado. Mas pensando darwinianamente, quando a mulher se separa, parece que perde os amigos todos porque as amigas casadas começam a olhar pra ela desconfiadas, como se ela fosse uma competidora na reprodução. Então essa coisa do dia a dia e de compartilhar os seus desejos às vezes morre com você. E vai te fazer mal – mas aí é que está. Quando Nelson Rodrigues fala que o desejo é triste, é porque essa infelicidade é muito grande. A vida dá errado muitas vezes, um dia está boa e no outro dá tudo errado porque há muitas variáveis. Então a gente tem medo e não mexe no time que está ganhando. E hoje, mais do que nunca, existe uma mania de a gente achar que tem que transar o tempo inteiro (se uma pessoa de 80 anos fala que não está trepando três vezes por semana vão achar que ela está doente!). Só que depois de um certo tempo o casal começa a ter outros interesses. Uma vez ouvi uma mulher de 50 e poucos anos falando na sala de aula: "Deus me livre esses maridos que ficam querendo transar o tempo inteiro, que saco!". Ela já não fica mais úmida tão fácil, já não goza tão fácil, não se acha tão bonita pelada, tem vergonha de ficar nua... E todas essas coisas meio escondidas do ser humano acho que são as que mais fazem a gente sofrer na nossa época – e que o silêncio de antigamente ajudava. Hoje você tem que mostrar o corpo e estar lindo o tempo inteiro.

Ismael – *A gente falou aqui de uma série de coisas, entre elas dos mistérios da vida. E o maior mistério é a morte – a nossa, a dos outros e a das coisas, dos relacionamentos. Por exemplo, um cara que se separa da esposa. E depois? Existe vida após a separação? As pessoas têm medo de se separar porque acham que nunca mais vão ser felizes e ficam querendo salvar relacionamentos que já naufragaram, empregos que já naufragaram... Temos medo da morte em qualquer instância. Então quero que você fale um pouco sobre isso, sobre as mortes simbólicas que a gente precisa viver pra renascer e transcender, e também sobre a coragem, já que falamos aqui do medo.*

Pondé – Começando pela coragem, eu acho que as pessoas comuns são muito corajosas. Ganham mal, moram mal, os relacionamentos não são muito bons, mas mesmo assim elas trabalham, pagam as contas, cuidam dos filhos, enfrentam dificuldades sozinhas. Então a coragem era uma coisa de sociedade guerreira, que não é nosso caso, mas existe uma coragem no dia a dia que é meio invisível, de você depois de um dia inteiro ainda conseguir conversar com o filho, com o marido, com a mulher; você conseguir ser generoso. Me parece que o grande mistério dos relacionamentos é que, no final das contas, o mais importante é AMAR, e não SER AMADO. É claro que ser maltratado é uma merda, mas como a gente tem uma conversa constante sobre querer ser amado, ter autoestima, ter direito a isso e àquilo, um dos grandes mistérios que eu acho que é pouco tratado nos papos sobre relacionamento é que o mais difícil e o que dá mais retorno pra você é quando você ama, e não quando é amado. É quando você sai de você e é generoso. Uma pessoa generosa é saudável psiquicamente. Quanto menos saudável você é, menos generoso é, porque viver é insuportável, levantar da cama é difícil, quando te dão um fora você cai no buraco. Então no nosso mundo de hoje nós precisamos ser muito corajosos, até porque somos o único animal que arrasta o cadáver a vida inteira. Somos o único animal que sabe que a vida é inviável e que, no final, dá errado. Só isso já é um dado de tensão para a nossa consciência que exige uma coragem extrema, por isso ser feliz às vezes aparece como um milagre, diante de todos esses tiroteios e demandas que caem na nossa cabeça. As mortes simbólicas são muito importantes. A maior parte das pessoas, por exemplo, trabalha em coisas que odeia, e não tem jeito, porque parece que trabalhar com o que você gosta é um luxo, mas um luxo e uma espécie de coragem.

Bianca – *Isso se aplica a relacionamento também?*

Pondé – Às vezes o relacionamento é um pouco mais sofisticado e complicado do que isso, porque é muito difícil saber até que ponto você deve tentar. Uma vez uma católica me disse que a grande vantagem de uma religião que é contra o divórcio é que você sabe que não pode sair do casamento. Ela disse que isso dá um alívio. Primeiro, faz com que você pense muito mais antes de casar, mas também que pense no sentido da tradição, das famílias envolvidas etc. Porque quando você casa com uma pessoa, casa com a família dela. Achar que casamento é uma coisa entre dois é um vício contemporâneo. Logo, logo um se enche do outro. Então, se você não tem essa "bênção" de ser católico e de não poder se separar, o que acontece muitas vezes é que você não sabe até onde tem que tentar e fica pensando "ah, se encher o saco eu caio fora!". Isso pode acabar minando a possibilidade de investir no relacionamento. Ao mesmo tempo, quando você pensa num relacionamento como investimento, já era, porque é claro que existe um nível disso, mas quando isso se torna muito consciente, alguma coisa está errada. Quando o relacionamento está funcionando, você pensa em coisas que vocês fazem juntos, brigas que vocês têm, problemas que resolvem, envolvimento que têm com os filhos... Você não fica pensando o tempo inteiro como pensa na Bolsa de Valores. Aliás, para fazer uma analogia com o mercado financeiro, casamento é aquele tipo de ação em que você investe e senta em cima. Não é o tipo de ação que você compra e vende o tempo inteiro. Não, você compra e espera, porque os frutos demoram a aparecer, a convivência demora a se instalar. E não há dúvida de que uma das grandes bênçãos é um casamento longo e feliz.

Ismael - *Você acredita em um casamento longo e feliz?*

Pondé - Eu tenho um. Estou casado há 32 anos (casei muito cedo, eu tinha 22 e minha mulher tinha 19). Nosso primeiro filho nasceu quando ela tinha 21 e depois veio a menina, quando a gente estava mais em idade "normal" pra ter filho. E a gente deu muita sorte, até hoje funciona. Então, para mim é muito fácil falar de casamento longo que funciona porque tenho essa experiência concreta no dia a dia. Isso não significa que você é feliz o tempo inteiro, que não tem dúvidas e que não é acometido por todo tipo de problema. Mas minha sogra conta uma coisa que é interessante. Houve um momento no casamento dela (e ela ficou casada muitos anos também) em que estava muito ruim e ela DECIDIU que ia dar certo. E aí deu certo. O começo do casamento é meio difícil, essa ideia de que o casamento no primeiro ano é uma lua de mel eu acho falsa, é o contrário, é um inferno total! Por isso eu acho, sim, que é possível um casamento longo e feliz – mas assim, razoavelmente feliz, que funciona bem. E é óbvio que as pessoas têm que ter a chance de sair do casamento, né? Só que isso também tem um custo, porque abre um espaço de, qualquer problema, você cair fora. Só que a vida é ambivalente, não tem cura.

Ismael – *Então, sair de um relacionamento é uma escolha porque sempre dá pra trabalhar nele pra resolver?*

Pondé – Na verdade é uma escolha das variáveis que estão em jogo. De repente você se encanta com pessoas de fora – mas o problema não é o plural, é sempre o singular. Se você se encanta com muita gente, isso não é problema, é balada; o perigo é quando você se encanta com uma. Aí vem o momento da decisão: não olho, não vou encontrar, não quero saber, não me procure. E vem o trabalho braçal, que é você decidir que não vai deixar isso vazar. Tem muito de racional nisso, de você pesar prós e contras, avaliar a história, as lembranças que vocês têm juntos. Você faz lá a sua conta na cabeça e a balança pesa a favor ou contra. É claro que existe vida após o casamento – eu conheço pessoas que se separaram e estão superbem, encontraram outras pessoas e têm um casamento melhor do que o primeiro. Mas também conheço gente que se separou há três ou quatro anos e está até hoje numa merda, em um nível de solidão e desespero! É aquele tipo de situação cruel em que a pessoa não quer voltar para o relacionamento anterior, não tem a ilusão de que era melhor, mas também está muito ruim ficar sozinho. No começo o cara come todo mundo que queria comer e não podia, mas chega um momento em que sair com as menininhas não funciona mais. Então o grande barato é mesmo você não viver voltado para si mesmo. É amar mais do que SE amar. E quando eu digo isso não é "amar todo mundo", porque tem gente que merece porrada. Quando você fala que todo mundo merece amor, quer dizer que ninguém merece, porque não tem diferença. Mas a disponibilidade de você viver para fora eu acho que é uma bênção.

2

CONVIVÊNCIA

A QUINTA SINFONIA DA CONVIVÊNCIA

A arte do convívio talvez seja uma das que mais exigem talento e empenho para dar certo. Convívio não depende só de amor – e pode inclusive detonar o amor se não receber uma dedicação acirrada e diária das duas partes. No querido amigo dicionário, convívio é definido como "intimidade, familiaridade, convivência". Convivência, por sua vez, é o "modo de vida em que se pode partilhar; vida em comum; convívio diário". É um "convívio próximo e contínuo", "uma ação de coexistir (num mesmo local) de maneira harmoniosa". Olha só a palavrinha-chave aparecendo aos 45 do segundo tempo: de maneira HARMONIOSA.

Por que a convivência é capaz de aniquilar tantos amores, tantos casais? Porque harmonia é um conceito musical. A gente usa pra caramba, todo santo dia, mas se esquece de onde veio a palavra. "Falta harmonia nessa família!"; "Eu só queria ter um casamento mais harmonioso!". "Será que é tão difícil te pedir um pouco mais de harmonia nesse relacionamento, seu grosso do c@&#%?!". Aí o cara vira e te entrega um galão de amônia. Mas harmonia, na verdade, é a "ciência da formação e encadeação de acordes", que são dois ou mais sons ouvidos simultaneamente. A harmonia, portanto, trata da "formação dos acordes numa combinação que seja agradável ao ouvido".

Para que a convivência flua, não dá para só um dos acordes trabalhar sozinho. É uma arte de acordes sucessivos, um atrás do outro, que formam uma musiquinha boa, daquelas que grudam na cabeça e deixam a gente feliz. É um jogar a bola pro outro e saber que ele vai pegar e jogar de volta; mas é também um entender o momento de jogar a bola pro outro – e saber que a forma de devolver talvez não seja exatamente a mesma. O que importa é que ela volte.

CONVIVÊNCIA DIFÍCIL POR DIFERENÇAS E POR AFINIDADES

A tendência é achar que você convive melhor com quem pensa, faz e sente igualzinho a você. O problema desse tipo de convivência, porém, é que a pessoa tende a ter também os mesmos defeitos que você – e, em algum momento, você começa a se incomodar profundamente com alguns hábitos e atitudes do outro porque identifica na sua pele os mesmos problemas. Quando isso acontece, antes de malhar o Judas, é melhor colocar a mão na consciência e começar um processo de transformação conjunto. "Frederico, eu comecei a ficar louca da vida com a preguiça que você tem de acordar cedo e o fato de ficar se arrastando na cama até meio-dia sempre que preciso trampar desde cedo; mas aí percebi que, quando eu posso, faço exatamente a mesma coisa. Que tal a gente fazer o esforço de acordar juntos todos os dias num horário que não seja tão cedo, nem muito tarde, pra fazer alguma coisa juntos e partir pro dia já energizados?".

Assim como parar de beber, de comer ou de fumar, resolver questões de convivência por afinidade é muito mais fácil a dois. Porque se um quer parar de fumar e o outro continua, quais as chances do que está querendo parar realmente conseguir? E, se conseguir, como é que vai ser a convivência depois disso? Então, quando o problema é comum e surge o incômodo em um dos dois, melhor conversar, lutar juntos e estimular um ao outro para eliminar o problema.

Já quando as pessoas são muito diferentes, é muito mais fácil identificar onde estão as pentelhações do convívio. E aqui as palavrinhas de ordem são e sempre serão **consenso** e **concessão**. Para a convivência ser mais harmoniosa, ou se chega a um meio-termo ou alguém tem que ceder. O cara é ultraorganizado e a mulher é uma zona da cabeça aos pés, por exemplo. Ou eles vão achar um meio-termo em que o cara aprende a controlar aquele bichinho neurótico que não aguenta ver um copo fora do lugar ao mesmo tempo em que a senhorita se disciplina pra deixar as coisas sempre mais arrumadas, ou um dos dois vira a chave. Só que virar a chave de uma coisa que você é pro extremo oposto é absolutamente complexo – dá pra fazer, mas exige um senhor empenho. Se essa for a medida escolhida, beleza, mas o lado do casal que conseguiu vencer a batalha precisa entender que o processo de mudança não é tão simples e deve dar apoio e condições para o outro mudar. Pra essa mulher deixar de ser zoneira pra aprender a querer tudo tão organizado quanto ele, existe um caminho. E aí vem a terceira palavrinha que a convivência exige, diariamente, pra não virar uma bomba atômica: **paciência**. Se você nunca foi de contar até 10 antes de dar um esporro, aprenda a ser.

OUÇA UM CONSELHO DE INIMIGO!

Quando o assunto é convivência, a gente costuma pedir muito conselho para os outros. Já viu aquele filme *Dormindo com o inimigo*? Então, o que vamos falar aqui não tem nada a ver com o filme, mas só com a ideia do título. Porque tem vez que a gente fica numa sinuca de bico no relacionamento e não sabe mais o que fazer, pra onde correr, o que dizer para aquela criatura que dorme no travesseiro ao lado entender o que você quer ou desculpar uma cagada sua. Nessas horas, parece MESMO que a gente está dormindo com o inimigo. E é aí que a maioria apela pros "conselheiros amorosos" de plantão.

Tá-tá-tá, mas peraí: problema nenhum pedir conselho quando parece que seu cérebro entrou em curto-circuito e não consegue achar a saída sozinho. Só que a gente costuma incorrer num **errinho básico e crasso**: vamos voando pedir o tal conselho, no caso das mulheres, pra melhor amiga, pra mãe, pra vó, pra colega moderninha do trabalho, pra tia experiente; no caso dos homens, pro melhor amigo, pro pai, pro vô, pro brother do trabalho – enfim, qualquer pessoa que faça parte do nosso círculo pessoal de confiança. Aí você vai dizer: "É claro, caceta! Vou pedir conselho amoroso pra quem?! Pro balconista da padaria?". Óbvio que não, tomate. Mas pense um pouco na situação: se você está com um problema do tamanho de um bonde com a pessoa a-ma-da e vai chorar as pitangas e pedir conselho pra(o) melhor amiga(o), você dificilmente vai ouvir o conselho certo! Porque essa pessoa já era sua partidária antes mesmo de você nascer! E mesmo que você seja minimamente imparcial no relato do seu draminha pessoal, a tal da pessoa conselheira vai analisar e responder do mesmo ponto de vista que o seu.

"Ah, mas a tia Neide me entende melhor do que ninguém! A gente é tão parecida!" Por isso mesmo, ô, prêmio Nobel da ciência! Se ela te entende tanto e é tão parecida com você, como é que ela vai te ajudar a entender o ser que tá lá babando no travesseiro ao lado, já que ele é tão diferente de vocês? É chover no molhado!

Então vamos combinar uma coisa: esse tipo de pessoa é genial pra chorar as pitangas. Se você está precisando de colo e consolo, vai nela. Mas se você precisa de conselho eficaz, não é pra ela que você vai pedir, e sim pro **aliado do inimigo!** "O quêêê?" Elementar, meu caro Watson! Vá atrás de fontes que pensem igual ao outro! Pode ser qualquer pessoa do sexo oposto com quem você tenha liberdade suficiente pra pedir conselho. O importante é buscar informação nova (porque pedir conselho não é nada mais do que isso) em uma fonte que equalize com o outro lado, não com o seu.

No caso das mulheres, vai-se ouvir algo do tipo: "Sabe o que acontece? Nós, HOMENS, (...)". No caso dos homens, a conselheira vai mandar um: "Senta aí, que mulher é um bicho complicado". Tá aí, de um jeito ou de outro, a pessoa é uma "aliada do inimigo" em algum grau e pode, sim, ajudar de forma mais eficaz.

Agora imagine uma mulher-angelical-e-superfofa indo pedir conselho amoroso pra outra mulher-angelical-e-superfofa sobre um ogro-alfa-com-aquilo-roxo. O conselho ia ser um só: "Aiii, esse cara é um grosso, sai dessa! Você é muito fofa pra ficar perdendo tempo com um ogro desses!". E é isso que ela precisa ouvir?! Se está querendo resolver a parada, claro que não. Ela precisa é ligar pra outro ogro-alfa-com-aquilo-roxo (e se não for roxo, serve até verde-água – já estará mais perto da realidade do que a amiga-superfofa dela!) e pedir uma luz. Muito provavelmente nossa mocinha "fófis" não vai ouvir o que gostaria de ouvir, mas pelo menos ela vai saber, preto no branco, que estratégia seguir pra sair do impasse. E na vida a gente precisa ser estratégico. Se você tem preguiça disso, devia ter nascido nas nuvens cor-de-rosa dos Ursinhos Carinhosos. Mas não nasceu, né? Então mãos à obra!

SE VOCÊ TEM UM OGRO EM CASA

Você é casada, namora ou já esteve em um relacionamento com um homem que realmente parece um **ogro**? Você acha que ele te trata mal, te chama de coisas absurdas e não reconhece tudo que você faz por ele? Então este texto é pra você, mulher! Sente-se e prepare-se, que a coisa vai te virar do avesso.

Existem dois tipos majoritários de macho alfa: o primeiro é o **mimado**. Como o moleque é criado, na maioria das vezes, por sua mamãe (ou alguém do sexo feminino) que faz tudo pra ele, então, sim, senhora, quando ele entra em um relacionamento ou se casa, transfere a responsabilidade dela pra você. Agora VOCÊ vai lavar e passar a roupa dele (ou pagar alguém pra fazer isso por você), vai dar remédio e fazer chazinho quando ele ficar gripado, vai zelar pelo estado geral do lar e, no caso de surgirem filhos, vai cuidar deles – salvo, claro, quando ele estiver de bom humor e quiser fazer alguma coisa divertida com a prole.

Esse tipo de homem pode ter todas as qualidades do mundo, mas uma coisa é fato: ele não se cuida sozinho. Pode ser um profissional muito bem-sucedido, um líder, presidente de Nação, o que for. Mas ele precisa de uma mulher pra cuidar dele. Só que isso não quer dizer que ele depende da mulher com quem está e por isso vai abaixar a cabeça pra ela em qualquer situação. Afinal, ele é **alfa** e quando dissemos que ele precisa "de uma mulher", isso não significa que tem que ser você.

Já o segundo tipo de macho alfa é mais recente (surgiu com o advento da tecnologia eletrodoméstica): trata-se do homem **independente**. Ele mora sozinho, tem as coisas do jeito dele e descobriu que não precisa de mulher nenhuma pra sobreviver. Mais do que isso, ele gosta de viver por conta própria. Tem a casa toda equipada, da máquina de lavar que ainda seca e cospe a roupa quase passada pra fora à cafeteira chiquérrima que faz nove tipos de cappuccino diferentes, e pra ele mulher tem que ser uma companhia agradável. Se não agradar, ele simplesmente chama um táxi, põe a lindona dentro e nunca mais liga. Esse cara NÃO PRECISA de você e tem menos saco ainda pra aguentar discussãozinha.

Não importa se o seu macho alfa é do primeiro ou do segundo tipo, ou talvez um híbrido bizarro dos dois. Ambos dão o mesmo trabalho. Isso dito, preste atenção: quando o cara começar a gritar porque você não fez alguma coisa ou fez diferente do que ele gostaria, qual é a sua primeira vontade?! Gritar de volta, brigar e mandar tomar naquele lugar?! Pois é. Mas podemos propor uma saída diferente, que é mais um exercício do que qualquer coisa. Deixe o bandido gritar, falar, esculhambar quanto quiser. Só acene com a cabeça e vá anotando as queixas dele mentalmente. E aí respire fundo, saia pra andar. Diga bom-dia pro porteiro, pro carteiro, pro açougueiro. Se você conseguir dominar sua vontade de devolver na mesma moeda, já ganhou. Ok, você agora vai dizer: "Ah, é?! Pois se ele é alfa e gosta de estar com a razão, eu também sou alfa! Vou engolir sapo e ficar quieta?!". Não, cara amiga. Calma que a gente chega lá.

Agora que você está sozinha com seus pensamentos, faça um segundo exercício: **ressignifique o que ele falou pra você**. "Mas que porcaria é essa?!" Se o homem te faz uma crítica ou reclama de alguma coisa, mesmo que seja gritando e com um monte de palavrão no meio, ele está fazendo uma coisa que muita gente não consegue, que é escancarar pra você o que está incomodando. Não cabe aqui decidir se está certo ou errado, mas sim entender o que isso significa pra ele, em que situação ou contexto ele te falou isso e se – ou como – essa informação pode ser **útil** pra você.

"Ah, mas isso está parecendo conversa de livro corporativo!" Pois então, é exatamente isso. Muitas vezes a gente lida com a vida pessoal de um jeito passional e infantiloide. Tudo que a gente aplica no trabalho, desde saber ouvir crítica do chefe até ter paciência pra ensinar estagiário, a gente joga fora quando entra em casa. Mas o que será que acontece se você aplicar esse jogo de cintura todo no relacionamento? E, principalmente, se você conseguir responder à briga sem dar piti e procurar entender por que ele está te falando aquilo tudo, será que ele mesmo não vai começar a mudar o jeito grotesco e hediondo de se comunicar com você?

Ressignificação é a palavra de ordem, queridas loiras, morenas ou ruivosas de plantão. Porque não adianta, por mais que o homem seja uma criatura mais racional que a mulher em muitas situações, na hora da raiva ele vira um bicho **irracional, teimoso** e além de tudo **surdo**. Não desperdice saliva e nervos tentando bater de frente com isso porque o máximo que você vai conseguir de um ogro desses é ser tachada de histérica. Faça diferente. Não há melhor forma de quebrar um ogro no meio do que se mostrar mais sábia e tranquila do que ele.

BATE-PAPO FATOR ALFA

"Fazer perguntas é essencial"

Para o psicólogo Frederico Mattos, as pessoas costumam projetar umas nas outras aquilo que querem que elas sejam – e depois acabam se decepcionando com o fato de o outro não ser uma pintura estática.

Sempre bem vestido, cabelo impecável, ele entra nos lugares com um sorriso sereno no rosto, cumprimenta a todos, ri das piadas sujas e traz chocolates de presente quando está perto do Natal. Esse é Frederico Mattos, o jovem psicólogo que conhecemos nos debates da TV – e para quem olhamos sempre que a porca torce o rabo, não à procura de respostas, mas para dar uma chupinhada descarada na aura zen que emana dele.

Fred é bom moço, daqueles que toda mãe queria ter como genro – e que a gente jurava de pés juntos que não existiam mais, até esbarrar com ele a caminho do estúdio. Tem jeito de garoto educado na Europa, mesmo que suas fotos de criança com cabelo de índio e pele curtida de sol desmintam nossa imaginação. É sonhador – e sabe colocar os sonhos em prática –, bom filho, bom marido, bom ouvinte. E a gente escolheu o Fred pra falar neste capítulo porque, além de todo esse rol de boas coisas, ele é colunista de sites e portais e autor de livros e do blog <www.sobreavida.com.br>, em que, usando o psicologuês mais claro que há, explica por que algumas coisas da vida – e do amor, do sexo, das separações e dos encontros e desencontros – são como são.

No papo, Fred colocou algumas cartas na mesa que, mais do que explicar os porquês, mostraram alguns caminhos que ele mesmo segue para tentar transformar a convivência em solução, não em problema. Quando o almoço acabou, ficou na nossa cabeça uma frase que nós – Ismael e Bianca – nos dissemos lá no começo do nosso relacionamento, quando rolou um dos primeiros atritos-bomba de casal: "A gente se ama mais do que se conhece". E a conclusão a que se chega na entrevista a seguir é que não há como lidar com a convivência por muito tempo se a gente não procurar, sempre, conhecer o outro – e a nós mesmos – profunda e constantemente.

Bianca – *Fred, no seu consultório, quais são as queixas mais comuns que você costuma ouvir a respeito de convivência no relacionamento a dois?*

Fred – (colocando gentilmente os talheres sobre os guardanapos para que eles não voassem com o vento – vai falar que isso não é coisa de menino educado na Suíça?!) – As pessoas que procuram a terapia são em sua maioria mulheres, então isso já seleciona um pouco o tipo de assunto. As mulheres, de um modo geral, se queixam de uma comunicação pobre. As pessoas conversam sem se comunicar. Então elas se queixam de não entender o que o parceiro quer e, quando elas questionam, mesmo que ele explique, elas não conseguem entender exatamente do que eles precisam. Então fica esse jogo de gato e rato. Elas não conseguem explicar o que elas querem, eles não conseguem explicar o que eles querem. Essa diferença de entendimento entre os gêneros é o fator principal de procura no meu consultório. Outra coisa de que as pessoas se queixam é a falta de ritmo de personalidade. Por exemplo, existe uma pessoa de personalidade mais fechada com uma pessoa de personalidade mais expansiva; uma é mais comunicativa, a outra não; uma pessoa é mais idealista, a outra é mais pragmática; essas diferenças de personalidade acabam causando conflito na convivência o tempo todo porque uma pessoa é orientada para pensar a longo prazo e a outra quer viver tudo a curto prazo, então, na hora de fazer um plano de casal - por exemplo, uma viagem -, um gosta de fazer tudo com muita antecedência e o outro fala "ah, vamos deixar pra fazer tudo em cima da hora, a gente faz uma coisa que der na telha!". Isso começa a criar uma angústia, porque um quer resolver tudo antes e o outro quer deixar tudo pra última hora. Outro exemplo: uma pessoa fala muito, explica, conta como foi o dia. A outra pessoa é reservada, receosa, mais tímida, mais acanhada - aí uma fica cobrando a outra por coisas que têm a ver com personalidade e não com falta de amor. Uma conclusão a que eu cheguei é que a maior parte dos problemas de convivência no relacionamento não se deve à falta de amor, mas à falta dessa sincronia entre estilos de personalidade e estilos de vida. As pessoas rompem um relacionamento, muitas vezes, não porque elas não se amam mais, mas porque não têm um mínimo de complementariedade nas diferenças entres elas. Elas entendem que têm que moldar a outra pessoa ao próprio estilo, partindo do pressuposto de que o delas é melhor. E isso acaba gerando um grande problema: o problema de convívio.

Ismael - *Você citou a palavra "angústia". A gente pensa que muitas pessoas esquecem da individualidade quando formam um casal e, principalmente, procuram o relacionamento justamente pra esquecer o problema da angústia. Como psicólogo, você acha que a angústia é um dos problemas principais do ser humano? E o sujeito buscar o casamento ou relacionamento como alívio* *dessa angústia é certo, é interessante? Ou o caminho não é esse – o casamento resolve outros problemas, mas não o da angústia?*

Fred – Nós podemos separar dois tipos de angústia. Uma delas é a da não realização de certos desejos que você tem – uma angústia mais imediata, mais corriqueira –, e essa você consegue organizar. Por exemplo, você consegue comprar sua casa e esse tipo de angústia diminui. Só que a gente tem um outro tipo de angústia que é mais existencialista: é aquela para a qual, independente de todos os esforços que você faça na vida, talvez não veja a resposta, tipo "nós, como seres humanos, somos mortais e caminhamos infalivelmente para a morte e para a decrepitude: a gente vai envelhecer, vai adoecer e vai morrer!". Isso é uma condição existencial muito dolorosa com que a maior parte das pessoas passa a vida inteira evitando lidar e que não tem resposta. Você VAI morrer, não importa o que faça. Por mais que você deixe sua vida interessante, você vai morrer. O ponto é que as pessoas costumam ignorar essa questão existencial e buscam uma resposta quase religiosa no relacionamento amoroso. Eu sempre digo que o relacionamento amoroso, atualmente, substituiu a função da religião e da filosofia do jeito que acontecia na Idade Média e no início da Modernidade. Lá, o Estado definia quem você era, a Igreja dizia o que você tinha que fazer, a família disciplinava as coisas todas. Na pós-Modernidade a gente não tem estruturas tão claras que digam o que é certo e o que é errado; a gente tem centenas de milhares de estilos de vida. A ideia de certo e errado é muito difícil de precisar hoje em dia. Por isso o relacionamento amoroso surge como grande guia norteador para muitas pessoas. Virou uma coisa condicional: quando eu encontrar A PESSOA, vou ser feliz. A ideia de felicidade está em sincronizar perfeitamente a vida com a de outra pessoa. Então, se pararmos pra pensar que são duas pessoas com suas angústias existenciais próprias - que nunca vão ser completas - buscando o impossível uma com a outra, veremos que os relacionamentos amorosos estão fadados a fracassar! Porque a pessoa está buscando uma coisa que não compete ao parceiro e para a qual talvez ELA COM ELA não tenha uma resposta absoluta!

Bianca - *Mas também há o movimento contrário, né? Aquela pessoa que já está "bem resolvida" individualmente, já encontrou seus rituais e processos e vive bem estando sozinha. Daí ela conhece outra pessoa e decide começar um relacionamento. Esse convívio poda as liberdades individuais ou é possível manter esse espaço?*

Fred - Tudo vai depender do grau de demanda que a outra pessoa tem. Há pessoas que têm uma "demanda de casal" maior do que outras. Elas sentem necessidade de fazer as coisas em conjunto, obrigatoriamente. Se uma pessoa assim se junta a outra que fica mais à vontade consigo mesma - não que ela esteja sem questionamentos, mas está mais à vontade –, talvez esse relacionamento seja mais trabalhoso. Uma prefere fazer tudo com a outra e a outra prefere fazer as coisas sozinha. Aí elas vão ter que negociar os interesses e as situações de alguma maneira - e mesmo assim não vai ficar 100% tranquilo para nenhuma das duas partes, porque parte da ideia de negociação é que os dois saem ganhando, mas em alguma medida os dois saem perdendo. Isso é próprio da existência humana e do convívio. Precisa ter esse nível de troca, os dois têm que saber ceder. Se você é uma pessoa que tem sempre que ganhar e quem está na outra ponta da história vai sempre perder, esse relacionamento vai ser desgastante, trabalhoso e muito provavelmente vai terminar cheio de mágoa. De novo, não por falta de amor, mas por falta de sintonia e de argumentação. Isso acontece muito porque as pessoas têm pouca clareza de quem elas são e de quem o outro é – elas fazem as escolhas amorosas de forma meio impulsiva, achando que o amor dá conta de tudo, mas isso não acontece!

Ismael – *Você citou essa coisa de as pessoas acharem que o amor dá conta de tudo. Isso é um problema. Eu, como jornalista, não sou imparcial – sou totalmente parcial e palpiteiro, Frederico Mattos! Na minha opinião, nós somos muito preguiçosos. Você falou que as pessoas esperam encontrar a felicidade no casamento. Vou lá, peço a mulher em casamento, ela diz "sim" e eu fico achando que a partir desse "sim" a vida muda, tudo são flores, tudo é bonito e maravilhoso. Então dá pra concluir que o ser humano realmente tem preguiça e não quer se esforçar pra ir em busca de uma vida plena de felicidade, de tristeza e de transformação? E aí a gente vai para uma outra questão importante que é: a gente acaba responsabilizando O OUTRO pela nossa felicidade, além de termos essa relação "religiosa" com o casamento – e nesse caso uma religião alienante, porque estamos atribuindo nossa felicidade a essa instituição, jogando tudo pro externo e nos esquecendo de nós mesmos. Então tem o tipo de pessoa que a Bianca citou, que não abre mão do que descobriu de si mesma pra instituição do casamento – e isso pode gerar um problema –, mas por outro lado tem a pessoa que não sabe quem ELA PRÓPRIA é e delega a própria felicidade ao outro. Fale um pouco sobre isso.*

Fred – Eu sou cuidadoso com a palavra "preguiça" porque às vezes pode soar como algo moral, do tipo "eu sei o que tenho que fazer, mas tenho preguiça porque sou malandro". Prefiro chamar isso de uma certa "cegueira funcional". Não é que a pessoa não faz porque não quer, mas porque não conseguiu ter clareza do que fazer e como fazer. Então ela fica patinando em soluções provisórias (e o mundo em que vivemos hoje é muito bom em nos distrair). Você pode ficar distraído com seu trabalho achando que a vida é só trabalho; pode ficar distraído se divertindo, achando que a vida é diversão; pode ficar distraído brigando com sua família e resolvendo dilemas, buscando dinheiro (essa é uma distração infinita). Só que o tempo todo você está fugindo da questão elementar que é: QUEM SOU EU E PRA ONDE EU VOU? Então eu não diria que há uma preguiça, mas sim uma cegueira. As pessoas estão confusas em relação à liberdade que se apresenta hoje em dia. Há 200 anos, quando a mulher nascia já tinha um *script* pronto pra ela. O homem também. Tanto profissionalmente como afetivamente a vida era um punhado de poucas opções. Hoje, exatamente pelo fato de a gente fazer muita coisa e não encarar nada como determinante, a ideia de casamento não é mais infinita como se pensava antes. Tudo é muito mais rápido, a gente tem uma ideia de que pode trocar as pessoas com uma certa facilidade. Ao mesmo tempo que é bacana você pensar que tem essa liberdade, todo mundo está muito confuso. Por ter tanta opção, as pessoas entram mais numa confusão do que na preguiça. Nós também não somos estimulados a fazer essas reflexões. Hoje não existem espaços ideais que permitam isso. Por exemplo, a pessoa morre, você vai ao velório, mas não há um ESPAÇO pra você falar sobre a morte. Os gregos tinham a Ágora, eles iam pra lá pra discutir questões existenciais. Quais são os espaços que a modernidade traz pra gente poder fazer isso?

Bianca - *O Facebook! (risos)*

Fred - Pois é, o Facebook é um espaço para as pessoas jogarem frases ao acaso, soltas, sem nenhuma repercussão! Existem poucos espaços reais - e virtuais - para a pessoa sentar, pensar sobre a vida e questionar as coisas que realmente importam. Então, sim, o relacionamento amoroso passa a ser também uma distração a respeito dessa busca da felicidade e a pessoa vai de alienação em alienação, vivendo uma vida sem sentido nenhum, sem significado, falida já de princípio.

Ismael - *Nosso leitor nesse momento deve estar dizendo: "Ok, então quer dizer que eu sou CEGO, não sei nada de mim, não me enxergo!". Eu, por exemplo, acabo de chegar a essa conclusão. Mas e agora, o que eu faço? Quem me ajuda? É a análise, é a literatura, são as artes, é a religião, é a minha vovó, que vai me fazer um cafezinho e me dar conselhos de vida que só ela tem porque aprendeu na roça quando era pequena? Onde eu busco o esclarecimento pra curar essa cegueira, Fred?*

Fred - Você fez a pergunta já dando alguns caminhos possíveis: apesar dos poucos lugares em que a gente encontra isso, a literatura, por exemplo, é um caminho de reflexão importante. Os livros, sejam romances ou livros de autoajuda, têm a função de fazer questionamentos e colocar você contra a parede em relação às suas certezas. Sim, existem também figuras de sabedoria que a gente pode encontrar - desde a avó, o pai, a mãe ou amigos até figuras religiosas. Existem alguns líderes religiosos que levam você a um questionamento maior do que a excessos de certeza. A religião continua sendo, pra mim, um caminho interessante pra isso. A terapia é outro bom espaço. E buscas filosóficas de um modo geral: você precisa ficar o tempo todo fazendo perguntas importantes a respeito do seu dia, do seu comportamento, da sua questão ética, de como você lida com a sua vida e com a vida das pessoas próximas a você. De forma bem prática, **fazer perguntas é essencial.** Então, se você tiver um caderninho na sua casa, todo dia dedique-se a fazer pelo menos uma pergunta importante e se debruçar para tentar responder, mesmo que essa resposta seja provisória e não te ajude em nada a princípio, mesmo que ela até aumente um pouco sua sensação de angústia – mas faça-se perguntas. Porque não é necessariamente uma resposta que te leva a algum bom lugar, mas sim uma pergunta que te leva a uma visão de mundo e isso te tira dessa cegueira.

Bianca – *Isso também se aplica à realidade da convivência entre um casal, né, Fred? Porque no começo é tudo bom e quando as pessoas começam a conviver surgem os problemas e o relacionamento vai se deteriorando. Essa não seria uma das soluções possíveis pra isso não acontecer? O casal se perguntar mais coisas, tentar descobrir mais sobre o outro em vez de deixar isso encostado no canto da sala, quando um acha que sabe o que acontece com o outro e a coisa vai indo até virar uma bola de neve?*

Fred – Sim, o diálogo entre o casal é importante, mas pressupõe que alguém fale e o outro realmente escute; daí vão fazendo perguntas importantes e esperando a resposta. O problema é que a maioria das pessoas, quando está em um relacionamento, já tem uma tese e quer simplesmente que o outro concorde com essa tese. Você não está fazendo a pergunta querendo ouvir a resposta de fato. Por exemplo, a mulher pergunta: "E aí, o que você pensa sobre o futuro, meu amor?". E ele: "Ah, o futuro a Deus pertence, não gosto de pensar nisso!". "Ah, eu sabia! Você é um descuidado! Você é igual ao seu pai! Você é maluco! Seu relacionamento passado deu errado por isso!". Ela está usando aquela resposta como uma arma para poder atacar o parceiro. Então, as perguntas são, sim, importantes, mas desde que você esteja disposto a ouvir as respostas e a perguntar mais! Que tal um "é verdade, a Deus pertence. Mas por que você acha isso? O que você pensa que Deus está reservando pra você?". Começar a perguntar de fato como se você fosse uma pessoa desinteressada do resultado final. Porque às vezes você se apaixona pela pessoa no início do relacionamento e quer congelar essa pessoa, então rejeita qualquer manifestação diferente do que imaginou sobre ela. Mas, se parte do processo de crescimento passa pela pergunta, pelo questionamento e pela mudança – e o reapaixonamento de um casal também passa por essas perguntas e mudanças –, congelar a outra pessoa é a fórmula garantida pra você odiá-la daqui a um tempo. Porque você mudou, mas está impedindo que ela também mude por uma cegueira sua, por um deleite de querer que ela seja aquilo que você imaginou que ela deveria ser pra te deixar seguro das coisas. Então, "sim" para o diálogo, mas um diálogo verdadeiramente aberto, né?

Ismael – *Você falou sobre "reapaixonamento". A pessoa conhece alguém na balada, na praia, e se apaixona, depois desapaixona. Dali a um tempo* *encontra de novo e reapaixona... Como é esse ciclo de ir e voltar, como lidar com isso e, principalmente, como a gente identifica quando realmente acabou? Porque a gente fica na expectativa de se reapaixonar pela pessoa, morre tentando e deixa de viver outras experiências. Mas tudo na vida morre, né? Os relacionamentos também não são assim, uns mais longos e outros mais curtos, mas com data pra terminar? Como é que a gente pode saber quando não rola mais e é melhor partir pra outra?*

Fred – Primeiro vou explicar a ideia que tenho de sentimento. As pessoas entendem o sentimento como uma coisa concreta: "Estou apaixonado por fulana, logo isso é real e me leva a ter que tomar uma ação em relação a ela". Mas eu entendo a paixão – e qualquer sentimento – como um estado provisório da nossa mente. Você tem uma necessidade que não é clara pra você mesmo e sua mente está procurando um varal para poder pendurar aquela roupa. Então você conhece a menina na balada, vê os olhos dela, o corpo dela, conversa um pouco e gosta do jeito divertido que ela tem de ser. Isso tudo responde a algumas questões – talvez você queira se sentir mais leve, mais alegre, mais fluido porque está se achando meio endurecido na vida e aquela mulher se mostra um complemento agradável daquilo que você busca. O que acontece nessa hora? Você pendura sua roupa no varal da outra pessoa. Mas precisa entender que esse é um sentimento que faz parte de uma projeção de coisas que estão dentro de você sobre aquela pessoa; não é aquela pessoa concretamente que despertou isso, mas o seu olhar sobre ela.

Ismael – *Defina pra nós o que é "projeção" na psicologia.*

Fred – Projeção é como se eu tivesse uma tela de cinema vazia onde eu projeto meus conteúdos, sentimentos e pensamentos internos e olho para aquilo como se fosse real. Então a realidade nada mais é do que uma tela em branco onde eu projeto coisas que me são interessantes. E a outra pessoa também faz isso. Nesse cruzamento de projeções, a gente vai construindo uma coisa juntos. A paixão começa assim, então, como me reapaixonar? Porque a partir do momento em que eu insisto que a tela tenha um quadrado e não seja mais uma tela em branco, começo a me desapaixonar. Por exemplo, quero que aquela pessoa seja sempre alegre, já que ela era assim quando me apaixonei por ela. Quando essa pessoa está triste, eu penso "pô, mas ela não era assim, era pra ela ser alegre!". Eu não quero mais que a tela seja em branco, quero que ela seja uma tela "alegre". Ou seja, todos os conteúdos novos que eu poderia projetar e reprojetar na pessoa para tornar aquilo dinâmico, vivo, eu paro de projetar e aí congelo a pessoa. Então, como me reapaixonar? Dando espaço pra que aquela pessoa seja inclusive o que eu não esperava que ela fosse. Isso acontece muito quando você deixa de ter a pessoa e perde a ideia de que ela é aquela projeção fixa, congelada, aí quando acontece o reencontro você se permite se reapaixonar. Ou seja, se eu conseguir colocar espaços (concretos ou psicológicos) de reapaixonamento, a probabilidade é de que isso aconteça. E quando é que isso não vai ser possível? Quando o nível de destrutividade já contaminou tanto o relacionamento que eu não consigo mais ver a outra pessoa como uma tela em branco – aliás, não consigo mais ME ver como uma tela em branco. Se eu me sinto impotente pra sentir qualquer outra coisa que não seja raiva ou agressividade em relação àquela pessoa e com isso estou claramente prejudicando a vida dela e ela a minha, não há mais movimento na minha vida nem na dela, esse pode ser um sinal de que a relação se esgotou e talvez seja importante um afastamento. Definitivo ou provisório, para que as duas pessoas possam se recuperar, recuperar a sanidade, se desfazer do próprio congelamento e do congelamento do outro, para de repente tentar com alguém novo ou com a própria pessoa – que já não vai ser a mesma, vai ser outra.

Bianca – *E por que você acha que tantas pessoas, mesmo vendo que a coisa chegou no limite ou até passou dele, insistem em se manter na convivência com a outra e em continuar naquele estado de descontentamento completo? Como a gente faz pra escapar disso?*

Ismael – *Completando a pergunta, você falou sobre essa coisa de um ficar atacando o outro. Por que a gente tem essa necessidade? O que é isso que a gente fica jogando pra cima do outro? Se eu continuo junto depois que o lance já acabou, o que eu estou fazendo? Que satisfação eu estou tirando em ficar só xingando, brigando? Por que o ser humano cai nessa coisa menos alegre, menos feliz, menos viva, e entra num ciclo vicioso de ataques e sofrimento?*

Fred – O primeiro motivo pra gente fazer isso é o medo. Quando o relacionamento está nesse pé, a pessoa tem medo de várias coisas: de se dar conta da responsabilidade que tem na situação, de perceber o que vai acontecer caso decida romper... Quando a gente vê que a coisa está indo ladeira abaixo, dá medo de lidar com a responsabilidade do que está acontecendo. Isso explica também por que nós somos agressivos com o outro: porque não queremos assumir responsabilidade pela nossa própria caminhada. Se eu assumo responsabilidade sobre a minha felicidade e entendo que eu é que tenho de cultivar isso, não vou responsabilizar a pessoa se ela me frustrar; não vou cobrar que ela me faça feliz porque entendo que a felicidade precisa ser autogerada. Agora, se eu estou esperando que isso venha de fora pra dentro – quero que a outra pessoa me alegre, me entretenha, me deseje e me ame –, estarei de novo preso a uma ideia errada da vida, achando que as coisas de fora é que me trazem alegria. Aí eu me frustro, fico com raiva, acuso e ataco porque tenho medo de assumir a minha parte e não me responsabilizo pelo meu próprio bem-estar e minha própria felicidade.

Ismael – *Fred, agora acho importante você dar para os leitores dicas básicas pra solucionar alguns desses problemas. Porque às vezes a solução não é complexa, é simples – é como um pulo do gato que a gente não parou pra perceber, e aí fica aquela coisa empacada que se atola cada vez mais nessa areia movediça. Que luz você pode dar para os leitores?*

Fred – Eu diria que é um treinamento emocional. Primeiro, você vai começar a se responsabilizar pela sua vida – ou seja, você é responsável por aquilo que você é, faz e espera das outras pessoas. A partir desse entendimento, é hora da ação. Desenvolva um tipo de vida que você ache agradável e admirável pra compartilhar com os outros. Não traga alguém pra sua "casa" se você mesmo não está à vontade nela. Se você se sente mal em relação ao jeito que você pensa, ao jeito que você vive e se relaciona, é importante que você tenha consciência de que não é trazendo outra pessoa pra dentro disso que sua casa vai ficar mais habitável.

Essa "casa" precisa primeiro ser habitável pra você. Então, antes de procurar qualquer tipo de resposta fora pra definir sua vida e te trancar com zíper no casulo da felicidade, cultive uma vida boa. Cultive uma filosofia de vida que dê espaço para mudanças, que ajude você a se regenerar; nutra sentimentos mais maduros, como a capacidade de empatia (considerar que existem outras pessoas, você não está isolado do mundo – dá pra treinar isso cuidando de alguma coisa ou de alguém. Pode ser um gato, um passarinho, qualquer ser que te mostre que você tem que prestar atenção no outro e não só em você). A generosidade é outro atributo que vai facilitar sua vida. Lute pra facilitar a vida dos outros. Por exemplo, no trânsito: facilite o trânsito das outras pessoas, que o seu também vai ser facilitado. Se você paradoxalmente achar que tem que resolver o SEU trânsito, vai atrapalhar o do outro e o outro vai atrapalhar o seu. Então, quanto mais você tiver esse sentimento de facilitar e gerar a felicidade do outro, mais isso vai te realimentar. E procure um círculo de amizades que reforcem aquilo que você tem de melhor, não o que tem de pior. Selecione melhor suas amizades, nutra-se de pessoas que te levem pra cima e não de pessoas que te arrastem pra baixo. Existem muitas pessoas que se apoiam umas nas desgraças das outras! Afaste-se delas! Procure ambientes vitalizadores, cuide do corpo, faça algum tipo de atividade física que coloque seu corpo em movimento e dê vida a ele! Frequente espaços novos, cursos, aprenda coisas diferentes de tempos em tempos. Não só formações acadêmicas, mas também cursos de desenvolvimento pessoal. Busque o autoconhecimento de modo geral – terapia, *coaching*, conversas boas com pessoas interessantes. Cuidando da sua visão de mundo, da sua relação com o outro, da sua rede de relacionamentos e dos espaços em que você transita, você já vai ter condições e preparo para conviver melhor com alguém. É óbvio que isso não te transforma numa pessoa pronta, mas sim numa pessoa que está se prontificando para que as coisas aconteçam. Você não precisa ser completo, ser um samurai ou um mestre Jedi. Você só precisa estar disposto a melhorar sempre e a se tornar mais interessante do que o seu rascunho anterior. É por aí!

3

PERSONAGENS

EU VOS DECLARO MARIDO, MULHER... E SOGRA, SOGRO, CUNHADO, SOBRINHOS, CACHORRO, PERIQUITO, PAPAGAIO, PRIMA DISTANTE E TIA-AVÓ!

O mundo das comédias românticas que envolvem casamentos ou reuniões familiares costuma se dividir em dois tipos: o da família perfeita, em que todo mundo se ama, é sábio e bom, e toda a ação do filme – problemas, crises, dramas e traições – se desenrola só entre o casal central, muitas vezes salvo pelos conselhos e atitudes lindas do resto da família; e o da família disfuncional, em que todo mundo é meio louco e problemático e o casal central é vítima desse núcleo familiar – um pai autoritário, uma mãe *hippie*, o cunhado sem noção, a sogra católica moralista e mais outras mil caricaturas engraçadinhas. Não importa de qual categoria estejamos falando: no fim, sem exceção, os problemas do casal protagonista se resolvem e todo mundo brinda, dança e dá risada, tanto quando a família é perfeitinha quanto quando a família é uma zona. A gente sai do cinema achando que o amor é lindo e não tem nada melhor do que nossa família, né? É... Daí bate aquela pequena depressão, que só se cura mergulhando em outra comédia romântica com final feliz. Por isso a gente assiste uma depois da outra. Por isso e porque NÃO, na vida real não é assim que funciona.

Aqui vai o choque de realidade: primeiro, não existe família perfeita. **Famílias são compostas por seres humanos e todos os seres humanos são problemáticos** (uns deixam isso se mostrar de forma mais escancarada, outros são muito bons em esconder e outros – o pior tipo – realmente acreditam que são ótimos e exemplares, mas são tão neuróticos e fazem tanta cagada quanto o resto do mundo). Ah, pra coroar a dureza da realidade da vida, quando um casal se forma, também é composto por duas pessoas cheias de problemas e defeitos. Gente, vamos acabar com a inocência de achar que o mundo é um conto de fadas e que depois que duas pessoas se conhecem, namoram, são apresentadas para as maravilhosas famílias um do outro e casam serão felizes pra sempre? ISSO É BALELA! Dia após dia, o casal vai ter que lidar com questões complexas e às vezes até sem solução – e o pior é que não são questões apenas do casal, mas também das pessoas que vivem em volta do casal porque fazem parte da família! Mães, pais, irmãos, primos, filhos, sogros, avós... Não importa se a família é grande, daquelas com 11 filhos em cada ramo da árvore genealógica, ou se é uma família "à francesa", composta só pelo casal, um filho, a sogra que mora do outro lado do país e um gato siamês. Aliás, por tradição, costumes e falta absoluta de paciência, os franceses cultivam núcleos familiares pequenos – e, acredite, mesmo assim dá pau o tempo todo.

"Ei, vocês estão pregando que o casal seja uma ilha que não se relaciona com a família?!" Claro que não, criatura! Essa introdução traumática foi proposital. Nosso objetivo é que você primeiro entenda que **é normal** existir esse sistema caótico de familiares em volta do casal, palpitando e projetando seus desejos e angústias pra cima dos pombinhos. Porque se você não entender isso e ficar acreditando que "o irmão NUNCA faria nada pra prejudicar", "a sogra NUNCA falaria mal da nora pelas costas", "o pai NUNCA trocaria a mãe de 50 por duas namoradas de 25", "a cunhada NUNCA invejaria seu carro novo" e assim por diante, você pode cair do cavalo. E aí o tombo é feio e a fratura pode não ter cura. Então é melhor botar os pingos nos "is", identificar os problemas de personalidade de cada um que podem ser mais invasivos pro casal – ou seja, as bombas-relógio que podem explodir e espalhar estilhaço pra cima de vocês – e aí trabalhar a prevenção dos problemas. Pessoal, fora os casos sem salvação, todo mundo ama a própria família. E para que esse amor não vire birra, frustração, decepção, raiva, ódio e por fim um pé homérico na bunda dos laços familiares, é fundamental posicionar as peças direito nesse tabuleiro de xadrez. No capítulo seguinte a gente fez isso BONITINHO pra você.

XADREZ FAMILIAR

Como dissemos no capítulo anterior, para evitar que a convivência com a família (sua e do outro) se torne um campo de batalha atolado de mortos e feridos, dá pra tomar algumas precauções e atitudes. A ideia, aqui, é olhar pra essa turma como peças de um jogo de xadrez: cada um tem um papel, mas para que esse papel não fuja do *script* e cause dor de cabeça, você tem que ensinar quantas casinhas cada um pode andar na SUA vida.

O REI (dos espadas)

Sogros podem ser grandes aliados do genro. Dá pra enumerar aqui uma cacetada de assuntos em que um homem mais velho e muitas vezes mais sábio pode ajudar o mais novo – conselhos sobre questões financeiras, respostas práticas quando a inexperiência está botando tudo a perder, ferramentas pra consertar quase qualquer coisa... Tudo depende do perfil do "rei". E à medida que a vida avança e todos vão ficando mais experientes, essas figuras podem ser grandes parceiras de jogada. Só que também dá pra eles botarem tudo a perder desde o início. Por quê?? Simples: todo pai, seja do tipo Popeye ou do tipo bundão, quer ser o macho alfa de sua família. O grande problema é quando a filha se casa e o cara continua a querer mandar no pedaço – ele até aceita que outros cachorros circulem pelo território, mas quem decide é ELE; quem tem razão é ELE; quem dá a última palavra é ELE. Exatamente como ele sempre fez quando se tratava só da casa DELE e das regras DELE – só que agora ele quer lançar mão de seus poderes de ditador sem entender que um novo núcleo familiar se formou. E se um sogro não consegue entender sozinho a nova dinâmica que se formou (coisa que alguns fazem naturalmente), cabe ao casal mostrar pra ele que tem cachorro novo na matilha e que, para a paz reinar, ele vai ter que respeitar alguns limites do território. Mas como?

Sogro-polvo: se o genro perceber que alguma coisa pode se tornar um problema entre ele e o sogro, ele precisa imediatamente alertar a pessoa mais indicada para tratar dessas relações diplomáticas: a mulher, que obviamente é o elo entre eles. E ela vai SIM ter que colocar as cartas na mesa para o pai e dizer com todas as letras que ela exige que o marido seja respeitado. Você tem medo do seu pai, chuchu? Então está na hora de enfrentar, senão o seu casamento vai sofrer as consequências. Você tem peninha porque gosta tanto dele e não quer magoar? Acredite, se você varrer a sujeira pra debaixo do tapete, vai chegar uma hora que a bomba vai explodir e aí, sim, seu pai vai sofrer pra caramba. Então assuma as rédeas da história e esclareça bem pro "papi amado" quem manda no quê e o que vocês esperam dele nessa área.

A RAINHA (de copas)

Se você acha que aquela história de sogra bruxa é lenda, pense de novo. Porque toda sogra é uma bruxa em potencial. Se você é sogra de alguém, antes de mandar uma carta ao editor esconjurando os autores deste livro, pense com a gente: se em algum momento você sentir que seu filho ou sua filha não está recebendo o tratamento nobre que merece, o que você vai fazer? E se achar que os pombinhos estão indo pelo caminho errado, fazendo escolhas das quais você discorda ou simplesmente decorando a casa com um gosto que você acha absolutamente duvidoso? Você vai ficar quieta? Se sim, parabéns, você é das poucas sogras que sabem que, em muitas situações, falar é prata e calar é ouro. Gente, se o homem "rei" já tem dificuldade pra entender que o papel dele como pai ou sogro não pode ser o de dono do terreiro, pra mulher "rainha" é mais difícil ainda. Porque ela é MÃE e a mãe sempre acha que sabe o que é melhor pra sua ninhada. Isso vai desde torcer o nariz pra comida da nora e passar o dedo nos móveis da sala pra checar se ela anda tirando o pó direito até criticar o jeito com que a filha lida com o marido, o fato de ela trabalhar fora e mais um tanto de atrocidades que elas só fazem "pelo seu bem". E a solução para manter a convivência nos trilhos não é muito diferente da dos machos – tem que colocar o pau na mesa, só que com mais tato e delicadeza, por favor.

Sogra competidora: é aquela sogra que acha que você nunca vai estar à altura do filho dela. E tudo ela faz melhor que você, inclusive cuidar dele. Pois bem, assim como é melhor que a filha converse com o pai para evitar atrito entre ele e o genro, também é muito melhor que o filho poupe a mulher do desgaste e converse ele mesmo com a mãe, explicando que ele gosta das coisas do jeito que a mulher dele faz. E como a mulher "rainha" é geralmente mais emotiva que o homem "rei" e é capaz de transformar isso num melodrama mexicano – algo como "essa lombriga desvairada virou meu filho contra miiiiim!" –, a nora pode ser diplomática e fazer algumas concessões, como pedir que a sogra ensine aquela receita que o filhote dela tanto ama ou perguntar como ela faz pra deixar a casa tão limpa e brilhante, e estimular pequenas atividades que não firam a intimidade do casal, mas que façam com que a sogra se sinta importante e superquerida: levá-la ao teatro, deixar que o almoço de domingo seja na casa dela e por aí vai. A competição nunca vai acabar por inteiro, já que a nora não é filha dela (e tem mulherzinha que compete até com filha, sem brincadeira!) e ainda ROUBOU O FILHO DELA PRA SEMPRE. Mas com certeza dá para amenizar bem as faíscas.

OS BISPOS (do templo que é sua geladeira)

Coisa gostosa ter cunhado e cunhada, né? Eles são parceiros pra tudo quanto é programa, quebram um galho atrás do outro ficando com as crianças quando vocês querem pegar um cinema, são ÓTIMOS pra desabafar sobre os problemas que vocês têm como casal, sempre convidam vocês pros churrascos que fazem pros amigos da faculdade, nunca deixam que vocês se sintam sós no mundo porque costumam aparecer toda hora pra dividir com vocês aquela caixa de cerveja que eles sabem que está mofando na geladeira... E aí você acorda, bom dia, tá na hora de falar de realidade. Se com irmão e irmã a gente já passa a vida amando e odiando (às vezes na mesma proporção), imagine só como isso se potencializa com cunhado e cunhada. No começo é tudo lindo, vocês até se chamam de "maninho" e "maninha". Só que aí, aos poucos, vai virando mesmo é CU-nhado.

Cunhado espaçoso/Cunhada entrona: por se tratar de uma relação em que a idade é mais próxima, muitas vezes a "cunhadice" se confunde com amizade. O problema é que, diferente da amizade, a cunhadice parece oferecer um passe livre de ir e vir pros cunhados, do qual eles desfrutam quando bem entendem (afinal, existe aí no meio uma relação de irmãos que viveram sempre juntos e talvez nunca tenham estabelecido limites claros de convivência e privacidade). O primeiro passo, então, é deixar claro que a casa de vocês não é ponto de encontro - e muito menos prolongamento da casa deles. E o segundo passo é parar de fazer tudo junto. Criem uma autonomia. Não é porque eles curtem as mesmas "baladas" que vocês que necessariamente precisam estar em todas as festas, em todos os jantares, em todos os eventos nos quais eles certamente se divertiriam. Poupem-se (e poupem seus amigos) desse excesso de convivência. Relação com os irmãos e cunhados tem que ser uma coisa mais esporádica - e, por isso, mais prazerosa -, senão o leite azeda rápido.

O CAVALO (de Troia)

Essa vai para os machos. Sabe aquele seu tio DA HORA que sempre bateu nas suas costas falando que você ia ser comedor e te dava cotoveladas pra secar a bunda de todas as mulheres da festa de casamento? Você tinha 15 anos, três pentelhos no saco e o rosto cheio de espinhas, mas o cabra já botava fé em você. Aí o tempo passou, o sobrinho cresceu e de repente aparece na festa junina da família com a namorada ou esposinha. O tio, superamoroso, dá aquele beijo babado e abraço apertado na moça e, assim que ela vira as costas, ele te cutuca: "Comeu bem, hein? Mas olha a bunda daquela lá!". Você disfarça, faz tchauzinho pra namorada ou esposinha, finge que tá tuuudo bem. Só que o que você não sabe é que em questão de minutos ela será avisada pelo resto da família de que seu tio faz esse tipo. E aí ela vai tirar satisfação – com você, claro. Seu tio virou um cavalo de Troia, sentado no meio da sala com um copo de uísque na mão, pronto pra queimar a cidade inteira.

Tio sem noção: nem comece a cometer a besteira de achar que seu papinho furado com seu tio pode continuar *ad infinitum* "porque ele é seu tio e é assim que vocês se relacionam". Uma ova. As pessoas evoluem e o relacionamento com seu tio também tem que seguir essa linha. Então, se depois que você começa a namorar ou casa ele continua achando que você tem 15 anos e que a sua parceira é invisível, faça-se o favor de evitar conversas de mais de cinco minutos com ele. "Pô, mas eu amo meu tio!" Então puxe outros assuntos: política, trabalho, piada, exame de próstata. Se ele tiver um mínimo de consideração por você, vai gostar de falar de qualquer coisa. Caso contrário, entenda que pra mulher é um saco saber que o cara não tem colhões pra descartar os comentários boçais do tio, mesmo que sejam uma "tradição de família".

A TORRE (de Babel)

Como aqui a gente não deixa sobrar pedra sobre pedra, essa vai para as mulheres. Existe uma tendência entre os círculos femininos de qualquer família: elas se juntam em grupinhos e começam a fuxicar sobre a vida alheia. "Ah, eu não sou dessas!". MENTIRA! Toda mulher, mesmo que não participe ativamente nessas horas, se desdobrando em comentários maldosos durante a troca de informações, adora ouvir história e repassar em detalhes depois, mesmo que seja para a melhor amiga que não tem contato nenhum com o povo em questão. E se esse é um hábito da sua família, tudo bem, problema seu. Mas quando você entra na família do outro, a probabilidade de se meter em encrenca é muito grande. O diz que diz que já está instaurado há anos, talvez GERAÇÕES, aí a prima, a tia, a cunhada e a namorada do vizinho te puxam de lado pra falar mal, por exemplo, da sua sogra. E você se empolga, cheia de frases como "juuuura??" e "eu bem que notei", crente de que está se enturmando. Só que então acontecem duas coisas: quando você repassa o assunto para o seu namorado ou marido, ele fica fulo porque você se envolveu na fofocaiada; e, claro, você pode ter certeza de que está compactuando com uma galerinha que vai falar o diabo de você pelas costas, sempre que não estiver por perto. Porque essas rodinhas não têm preconceito: todo mundo entra na dança, seja bonito ou feio, fértil ou não, rico ou pobre.

Rodinha de "amigas" da família: isso é do mal. Para não entrar nesse círculo vicioso antes mesmo de começar a ter problemas de fato com uma ou outra pessoa da família do respectivo, não tope esse tipo de conversa. Vença sua curiosidade, diga que precisa fazer xixi e vá bater papo do outro lado da sala. Se rolou uma primeira vez e você se encontrou numa saia justa, não fique compactuando com aquilo que não sabe: faça cara de paisagem e espere o assunto acabar. Aí, quando você tiver qualquer problema com uma das pessoas da família dele, fale com ELE e com pessoas em que você CONFIA. Mas não entre nessa de rodinha de fofoca da família alheia. A mulherada está querendo recrutar você pra fazer volume no coro. Não caia nessa. Você se queima com a pessoa que for alvo da fofoca e, principalmente, com seu homem.

O PEÃO (pra vida familiar ter sempre graça)

Acabando com a chave no positivo, há as crianças e os adolescentes da família. A primaiada mais nova, os sobrinhos e os afilhados. Esse pessoalzinho costuma grudar nos casais que se formam pra absorver o máximo de informações novas, diferentes das que ouvem dos pais - ou, às vezes, pra confirmar que não tem jeito mesmo, os pais estão certos. Tem casal que não tem paciência com essa turma. Já nós, do Fator Alfa, acreditamos que essa é a convivência mais gostosa que existe dentro de qualquer família.

O jovem e o sábio: o pessoal mais novo - seja a criançada que ainda está brincando de pega-pega, sejam os jovenzinhos - não tem ainda aquele ranço de macaco velho. Dá pra ensinar muita coisa e estimular transformações, mas também para aprender muita coisa com eles. De todas as peças do tabuleiro familiar, essas são as que exigem menos prevenção - e mais atenção. Não importa se a relação do casal com os pais das criaturinhas não seja lá essas coisas. Cultivem a relação com ELAS. Esse pessoal diverte e energiza, mas também cresce pra questionar e colocar uma cacetada de coisas em pauta com a gente. E a verdadeira sabedoria da vida está em entender que os relacionamentos não se nutrem só dos mais velhos para os mais novos, mas também no sentido inverso. É claro que os velhos sábios têm muito mais a dizer – e por isso é preciso ensinar os peõezinhos também a calarem a boca e ouvirem. E nesse tipo de relação, os peões em questão costumam fazer isso sem grandes problemas. E por isso conseguem, sem nem perceber, dar xeque-mate na gente.

SEM EX-AGEROS!

Já que estamos no momento de falar dos personagens que fazem parte indiretamente da vida de um casal, não podemos deixar de lado a adorável presença dos **ex**, que certamente merecem algumas considerações neste capítulo. Ex-marido, ex-mulher de marido, ex-namorado, ex-namorada do namorado, ex-pau-amigo seu, ex-xaninha-amiga do cara e qualquer ex-relação que possa existir na sua vida ou na vida da pessoa com quem você está envolvido(a). Nós, do Fator Alfa, temos uma teoria muito bem delineada sobre o assunto, que se resume à seguinte linha de pensamento:

Tudo que é ex tem que ser **exterminado** do universo do casal, o que inclui evitar possíveis encontros dos formandos de 1982 da escola, rodas de amigos comuns que fazem questão de ter todos no churrasco e familiares que não são capazes de praticar o **desapego** na vida.

"Pô, gente, isso não é meio radical?" É. E a gente acredita que só assim o casal tem ALGUMA CHANCE de viver uma história sem passar obrigatoriamente pela CHACINA MATRIMONIAL que ex-histórias podem causar. Mas como aqui a gente não dita regras e sim prova fatos cientificamente, vamos a este TOP 5 chamado carinhosamente de...

5 motivos para aniquilar qualquer ex da sua vida

1 Ex bom é ex morto. Porque se não fosse assim, não seria ex, seria atual qualquer coisa. Se o lance de vocês terminou – seja casamento, namoro, sexozinho casual ou xavecos anônimos sem fins lucrativos –, é porque perdeu o interesse de pelo menos um dos lados. Então não existe nenhum pretexto razoável **possível** pra você querer manter relaçãozinha cordial com ex e colocar em risco de irritação **severa** seu relacionamento atual, a menos que sua intenção seja só fazer ciuminho para o atual ou, pior ainda, para o ex. E o nome disso seria *EXculhambação*, certo?!

2 Se há uma coisa que tira **qualquer pessoa do sério** é sentar a uma mesa com a sogra e ficar ouvindo elogio sobre ex. "Fulana tinha ótimo gosto pra se vestir, fulana tinha um emprego tão bom, fulana cozinhava como ninguém, fulana era um doce de pessoa, fulana sempre me trazia presentes caros quando viajava pra fora, fulana..." Aí você explode e berra: "QUER SABER? SE TAVA TÃO BOM COM A FULANA, POR QUE A ANTA DO SEU FILHO NÃO FICOU COM ELA?!". Para evitar esse tipo de estresse num laço familiar que já é tão **gostoso** como a de genro/nora com a sogra, a única solução é o próprio filho ou a própria filha **limar** o nome do(a) ex da boca da velha antes que ela comece a soltar o verbo.

3 É **impossível** uma mulher encontrar a ex do cara e não ficar se comparando inteira com a dita cuja, da unha do dedão do pé à ponta dupla do cabelo (que, ironicamente, ela terá feito na véspera, enquanto a atual

terá desencanado de ir para o salão justo naquele dia); também é **impossível** um homem trombar com o ex da mulher e não ficar pensando **obsessivamente** que aquele filho da mãe já comeu a mulher dele. Já que não dá pra fugir das infelizes coincidências da vida, como filas de cinema, shows a que todo mundo vai ou aquela descoberta transcendental de que vocês frequentam o mesmo tarólogo, pelo menos evite as ocasiões e lugares em que é CERTEZA que vai rolar o apocalipse do demônio de quatro cabeças: festas de amigos em comum que não ligam muito pra diplomacia na hora de convidar todo mundo, lugares em que você sempre batia cartão quando estava com a ex-pessoa (bares, restaurantes e baladas) e assim por diante.

4 **Jamais** será possível que o casal atual se relacione com os ex de forma harmoniosa sem que, um belo dia, numa mesa de bar ou numa conversinha casual numa festa de bufê infantil, algum **retardado** cometa o ato **deselegante** de relembrar os velhos tempos e deixar **todo mundo** constrangido. Algo do tipo: "Nossa, João Vítor, quando a gente namorava você não era tão mão de vaca!" ou "Ah, Lúcia, que eu me lembre os seus peitos não eram nem um pouco caídos!". E agora perguntamos a você: PRA QUÊ?? PRA QUÊ???

5 Se nenhum dos motivos anteriores convenceu você, vamos fazer um exercício de **visualização**. Imagine um quadro tipo "A Santa Ceia", só que nessa versão estão sentados à mesa você, seu marido, seu ex, a atual mulher do seu ex, a ex do seu marido e o atual marido dela, todos sorrindo, tomando vinho e comendo pão. Ao redor de vocês, felizes e saltitantes, estão os filhos de todas essas relações bem resolvidas, com suas bochechas rosadas e

sorrisos marotos. E da cabecinha de cada um deles sai um balão de pensamento, como nos gibis da Mônica, só que com as seguintes reflexões:

– Olha o meu pai falando de futebol com o tio Judas, que soltou a tarraqueta da mamãe muito antes dele!

– Olha a mamãe ajudando a tia Carola a lavar louça, mesmo sabendo que ela chupou o pipi do papai tantas vezes na vida!

Lindo isso, né? Se pra você é normal, na gente causa **arrepios!!!**

Então tá, é claro que existem centenas de milhares de tipos de pessoas no mundo e que algumas delas conseguem conviver na boa com essas redes de relacionamento. Mas que a gente tem certeza de que com isso as chances são maiores de dar problema em algum momento, ah, sim, a gente tem! Então o conselho é evitar situações nefastas para seu novo relacionamento podando os ex da sua vida e as ex da vida dele. E se isso não te parecer necessário porque todo mundo fica bem junto e beleza, só lembre-se de redobrar atenção e cuidados pra não azedar de vez o seu pudim de leite. Saravá!

AMIGA DA ONÇA

Os amigos podem ser grandes parceiros de qualquer casal. E, sim, amigos da sua época solteira podem e devem fazer parte dessa história, contanto que entendam a nova dinâmica. Mas agora, separando o joio do trigo, queremos chamar atenção para um tipo bem específico de amizade: o da **amiga invejosa**. Estamos colocando no feminino porque é fato que as mulheres têm maior tendência a encontrar essa espécie pelo caminho. Não que os homens estejam a salvo (já conhecemos muito amiguinho invejoso por aí), mas normalmente quando isso acontece entre homens fica um pouco mais fácil de identificar. Eles são realmente mais pão-pão, queijo-queijo no que se refere a amizades. As mulheres têm formas de se relacionar entre elas um pouco mais complexas e truncadas – e, quando uma invejosa surge no caminho, às vezes demora pra gente perceber que se trata de um caso desses.

Existe uma grande diferença entre **inveja** e **admiração**. Uma boa amiga pode te achar linda, ser muito fã e amiga do seu namorado ou marido, adorar seu estilo, elogiar sua comida e sempre seguir seus bons exemplos como profissional, enquanto também te alerta quando vê que tem alguma coisa errada acontecendo. Tudo isso é perfeitamente saudável e transforma a amizade numa relação gostosa e proveitosa pra você e pra ela, principalmente se o fato de te admirar fizer com que ela procure caminhos para se transformar em uma pessoa mais bacana também. O problema é quando essa admiração é na verdade uma obsessão bizarra e compulsiva que vem acompanhada de críticas maldosas, que ela disfarça no meio dos (tantos) elogios; e o problema se torna maior ainda quando você percebe que ela **projeta em você** tudo aquilo que ela gostaria de ser e não é – e que ela não faz absolutamente nada pra mudar isso. Pelo contrário, ela prefere tentar piorar você, pra você ficar mais perto dela na doença e na amizade, na mesquinhez e na mediocridade.

Quer exemplos?

– Amiga, você é linda. Mas olha nessa foto aqui... Cê tá cheia de celulite!

Análise a fazer: na boa, amiga que é amiga não tem que ficar caçando celulite na sua perna. É claro que você sabe que tem celulite, viva bem com o fato ou não. E se isso te incomoda, é você que tem que apontar o fato pra ela, não o contrário. Você por acaso corre risco de vida porque tem celulite na bunda?! NÃO. Então mande-a cuidar dos próprios buracos.

***

– Amiga, esse seu namorado é muito legal, mas não sei, não... Ele tem uma cara de safado! Homem não presta, fica de olho! E outro dia eu acho que ele me xavecou, viu?!

Análise a fazer: amiga que vê pelo em ovo ou que põe pulga atrás da SUA orelha sobre seu macho sem ter provas concretas de que algo está realmente errado na verdade está é **morrendo** de inveja do seu relacionamento ou, pior ainda, está a fim de pegar o cara pra ela. Acha que xavecou?! O que foi que ele disse, exatamente?? Cara de safado?! Francamente, ela é que tem cara de outra coisa. Homem não presta?! Essa "amiga" não quer te ver feliz.

***

– Amiga, tô tão feliz com a supervirada que você deu na sua vida! Não acredito que até ontem você estava no fundo do poço. Aliás, fico indignada quando ouço as pessoas falando mal de você. Fulana diz isso, beltrano fala aquilo... E eu te defendendo! Fico re-vol-ta-da!

Análise a fazer: feliz porque você deu uma reviravolta numa situação ruim?! Ela queria era te ver chafurdando na lama por mais uns 19 meses!!! E como isso NÃO aconteceu, ela faz questão de te lembrar do passado recente (ou distante) em detalhes, acrescentando ainda informações minuciosas sobre o que as pessoas que te odeiam falam sobre você. Assim ela consegue te trazer de volta pro momento de fossa, em que você sofria e chorava no ombro "amigo" dela, nem que seja por meia hora. Hã?!! Corte o assunto na hora, por mais curiosa que você fique sobre "o que os outros andaram falando". Essa mulher quer te ver "en la mierda".

***

– (Na frente do seu marido) Amiga, que bom que você tá feliz, casada e agora com um filho! Você chegou a falar isso pro seu ex, o Fabinho?! Ele era tão louco por você!

Análise a fazer: por que cargas d'água uma amiga chega no meio da sua casa, olhando para a sua nova vida, seu doce companheiro e seu bebê recém-nascido e **cita seu ex**?!! O que ela quer com isso?? Acabar com sua noite??? Vade retro, Satanás! Aliás, tem amiga da onça que **sempre** faz isso. É só te ver de mãos dadas com um gatinho novo pra começar a falar da lista das suas ex-conquistas e de quanto cada um era ótimo!

***

– Amiga, adorei seu carro novo, é lindoooo! Só achei o porta-malas muito pequeno e o-de-io banco de couro.

(Há também a versão 2): – *Amigaaa, que casa na praia ANIMAL você comprou! Show! O problema é que na praia tudo enferruja, né? Você vai perder todos os seus eletrodomésticos, é uma pena. Mas é show, que bom que você gastou todas as suas reservas e fez um financiamento gigante pra comprar! Parabéns! U-huuuu!*

Análise a fazer: já que sua amiguinha não pode comprar um carro novo ou uma casa na praia, ela faz questão de detonar o que você tem, assim ela se sente menos mal por não ser capaz de ter igual. Isso vale para um monte de coisas materiais (acredite ou não, meninas já conseguem fazer isso com uns 4 anos de idade, quando falam que o estojo novo que a outra ganhou é legal, mas nem veio com cheirinho de morango!).

***

Essas são só algumas dicas pra você identificar se aquela "amiga" está mais pra irmã de sangue ou pra madrasta da Branca de Neve. Até porque, geralmente, a amiga-madastra comete não só um, mas vários desses deslizes "sutis". É mais forte que ela. E se você chegar à conclusão de que se trata, sim, de um caso de amiga invejosa, nosso conselho é: **lime essa mardita pra fora da sua vida!** Não importa se ela é sua amiga desde a primeira série, se mora na porta ao lado e vocês passam mais tempo juntas do que sozinhas, se ela é também sua prima ou se um dia ela te salvou de um horrível atropelamento de trem-bala na Finlândia e você sente que deve a vida a ela. **LI-ME!!!** Porque, enquanto não tirar esse **azedume** do seu círculo de convivência, pode ter certeza de que você não vai pra frente (e ainda está ocupando espaço de gente que pode realmente gostar de você, te admirar e te impulsionar a ser uma pessoa cada vez mais **incrível**!).

...E O AMIGO-CORVO

E pra ninguém aqui achar que os homens são perfeitos no quesito amizade, precisamos dizer que não existe tanto amigo invejoso quanto amiga invejosa, mas há um tipinho clássico que todo homem vai reconhecer quando ler: é o **amigo-corvo**. Esse cara é aquele amigão do colégio, da faculdade ou de qualquer outro ambiente que existiu antes de você se engraçar com sua mulher. Só que, diferente dos outros amigos, ele não consegue entender que você virou a página. Ainda insiste em falar de putarias, mesmo quando você não está a fim, e não faz questão nenhuma de se relacionar de um jeito minimamente simpático com sua nova vida. Pelo contrário: ele enxerga sua namorada ou mulher como uma Yoko Ono que separou vocês. Antes dela, tudo era perfeito, na opinião dele. E aí a vadia chegou pra tirar o amiguinho dele e levar pra outros horizontes, enquanto ele continua exatamente no mesmo lugar (e não entende como você pode ter se rendido à maçã envenenada).

Para esse amigo, até casamento com filhos é coisa passageira – e toda vez que ele te encontra faz questão de relembrar os tempos em que vocês enchiam a cara e saíam pra comer menininhas. Ele te acha um **coitado** por ter se rendido à tentação do relacionamento sério e não vê a hora de você "cair em si" e voltar a ser o bom e velho companheiro de noitadas. Como é que se lida com esse tipo de mala? **Mate, trucide, pendure pelo saco em praça pública, extermine da face da Terra!!!** O cara não está interessado em saber o que você quer pra sua vida. Ele é um egoísta de carteirinha que caga e anda pra sua felicidade e pras suas vontades, se elas não tiverem a ver única e exclusivamente com o ideal que **ele** construiu da amizade de vocês. E quando ele construiu esse ideal você tinha outra vida, outras vontades, outras prioridades. O amigo solteiro que não entende que o companheiro de putaria mudou de rumo precisa ser **limado** da agenda. Até porque, aí sim, por menos Yoko Ono que sua mulher seja, ela não vai ter saco pra aguentar olho gordo de amiguinho solteirão mal resolvido dando uma de abutre no relacionamento de vocês.

"CRESÇAM E SE MULTIPLIQUEM..." MAS NÃO DEIXEM A PROLE DORMIR NA SUA CAMA!

Que filhos são uma bênção, todo mundo concorda. São o futuro da humanidade, o legado que deixamos para o mundo, as pessoas em que concretizamos nossa continuidade genética e emocional, os seres que mais amamos desde o momento em que não são nada mais do que um feijãozinho com dois olhos de E.T. em franca expansão. Daí eles nascem, a gente se apaixona. Alguém aí faz alguma objeção? Pois bem.

Mas que filhos também podem ser um senhor método anticoncepcional – e, pior, o maior corta-clima que já criaram na face da Terra –, podem.

A gente afirma categoricamente, mas a gente também explica. No começo – pós-parto, a mãe com os mamilos em **carne viva** por causa da amamentação, o corpo numa bizarrice disforme absurda e a insônia corroendo qualquer sombra de tesão –, todo mundo entende e respeita: ela mesma, o pai da criança, os psicólogos, feministas, machistas, jardineiros e duendes de plantão.

E papai e mamãe deixam o bebezinho dormindo no meio, já que não tem coisa mais gostosa do que acordar e ter a visão do pequeno rebento logo ali, pertinho (por mais que isso seja muito desaconselhado por médicos e revistas devido ao alto risco de vocês, no alto de seu cansaço cheio de roncos, sufocarem a cria metendo-lhe o cotovelo gordo no nariz – mas tudo bem).

O problema é que o pequeno e indefeso bebê que quase não se mexe no meio da cama um dia CRESCE. E depois que cresce ele continua com o hábito infame de "só dormir na cama do papai e da mamãe" – e tem que ser no meio...! É quando começa a tragédia familiar. O cara vem pro meio do casal bem na hora do pós-banho-pré-descanso, fica causando de um lado pro outro até dormir e pede pra assistir a um filminho qualquer de urso gordo que fala mole. Daí o pai culpa a mãe, a mãe diz que só deixa porque não aguenta mais ter que resolver tudo sozinha, o pai diz que ela nunca quer transar, ela diz que é porque o filho **sempre** está ali, ele diz que não é desculpa, ela diz que não dá pra se trancar no banheiro pra meter enquanto o moleque está do lado de fora chamando, ele diz que então vai virar pro lado e dormir, ela diz que então vai levar o moleque pro berço dele, ele diz que é melhor assim, ela pega o moleque e leva, o moleque chora assim que encosta no berço, ela volta com cara de merda e com o moleque no colo, ele fica com pena, os dois cantam e ninam e contam história, o moleque finalmente cai em sono profundo, ela diz pra nem mexer nele e "vem pro banheiro que eu vou chupar logo essa porra", aí ele fica puto e diz que não quer desse jeito, ela fica histérica, ele vira pro lado e dorme, ela vira pro outro lado e dorme também e os dois ficam acordando a noite inteira porque o moleque chuta, dá cotovelada e vira 360 graus na cama enquanto ronca seu sono sereno, pra acordar de manhã atravessado na diagonal da cama. E os pais? Bom, ele no meio da noite foi pro sofá e ela assistiu à versão integral de *E o Vento Levou* chorando, com um pé 18 enfiado no meio da cara.

Reconheceu a cena?

Primeira regra: não deixe seu filho dormir na sua cama. No caso de pesadelos no meio da noite com monstros degolados que sangram pelo estômago, ok – até porque, no meio da noite, vocês já fizeram o que tinham vontade de fazer – ou simplesmente descansaram abraçadinhos, o que também é válido. Mas, mesmo assim, são exceções. Vale a pena voltar com a cria pro quartinho azul-turquesa, mostrar que não tem nada de monstruoso lá e explicar que aquele é o lugarzinho do filho; o quarto de vocês é de vocês.

Segunda regra: ele já tem 15 anos e, apesar de ser "o futuro da humanidade, o legado que você vai deixar para o mundo, a pessoa em quem você concretizou sua continuidade genética e emocional etc. etc.", ele te enche o saco até a hora de dormir? Crie um **toque de recolher**. Nessa hora o casal vai para um lado e o moleque vai para o outro, ter encontros de terceiro grau pelo WhatsApp, tanto faz. "Mas ela é uma menina e pode ser abusada por adultos peludos na internet!!!". Então bloqueie a internet, durma com o celular dela na sua gaveta e mande ver um filme.

Terceira regra: nunca deixem de ter rituais **de casal**, apesar de terem formado uma família com filhos, gato, cachorro e papagaio. Uma vez por semana, uma vez a cada quinze dias ou seja lá com que frequência for, **imponham-se a necessidade de ter um dia a sós**. É o dia de a molecada ficar com a vó, a tia, o padrinho ou até aquele tio louco que vai mostrar a primeira *Playboy* da vida deles - dane-se. Deixem que eles se divirtam e variem a informação de referência que têm. Enquanto isso vocês tiram o tempo pra fazer alguma coisa que nunca conseguem fazer com os filhos por perto. Brincadeirinhas sexuais? Ver um filme cabeça? Encher a cara de cerveja e falar da vida? Vocês que sabem. O importante é fazer algo JUNTOS que não dá pra fazer quando a galera está em volta apavorando.

Quarta regra: NUNCA usem os filhos como desculpa pra nada - desde manter um casamento, quando claramente o casal não tem mais nada em comum além da prole, até a falta de vontade de transar, quando seu estado de cansaço e estresse é tão grande que você prefere jogar a culpa na cria a assumir que não está com vontade. Porque, em algum momento da vida, eles vão saber (ou sentir) que foram usados como bode expiatório para o fracasso do casamento ou da realização pessoal de vocês. E aí, meus caros, os seres que são "o futuro da humanidade, o legado que deixamos para o mundo, as pessoas em que concretizamos nossa continuidade genética e emocional etc. etc." deixam de torcer a favor pra torcer contra. E não tem coisa pior do que filho torcendo contra a gente.

BATE-PAPO FATOR ALFA

"Um acaba lutando pelo crescimento do outro"

O psicólogo analisa as etapas do amor e do sexo e explica quando é que a gente deixa de pensar só no nosso umbigo pra fazer trocas (de verdade) com o resto do mundo.

A gente começa a transar – fazer sexo com outra pessoa – em média aos 16 anos de idade. Masturbar-se varia muito. Crianças tocam seus genitais porque é gostosinho, faz coceguinha, porque é legal. Mas, no fundo, o que a gente quer quando arruma alguém para furunfar? O leitor deve ter a resposta na ponta da língua: "Ora essa, eu quero gozar". Mas será que é só isso? A aventura do sexo, claro, é fundamental para a perpetuação da espécie. Você, que está lendo estas linhas, só está aí porque papai e mamãe mandaram bala! Mas tem muito sexo por aí que, além de não dar em nada, parece que não passou de uma mijada, como diria o Nelson Rodrigues.

A gente começou a se perguntar, a partir de experiências pessoais e de dúvidas de nossos espectadores na TV, leitores do blog etc., por que as pessoas muitas vezes se veem tão insatisfeitas com a qualidade do sexo que fazem. "Pronto, achei o homem ideal!", mas aí o sexo é morno. "Esse tem pegada!", mas aí o sujeito se mostra um ogro, um insensível às demandas do sentimento. Será que estamos muito exigentes ou o ser humano ainda não entende nada de sexo?

Muita gente por aí cochila trepando com o marido ou a mulher e só consegue gozar com a puta ou com o amante. Onde está o problema? Em mim ou no outro? E tem mais: já ouvimos reclamação da mulherada dizendo que, na hora do sexo, percebe que o menos importante são elas. Reclamam que o homem parece que transa com ele mesmo, sem ligar para a parceira. Quem aí nunca se pegou transando e olhando atentamente para o próprio desempenho num espelho de motel?

"À medida que vivenciamos as trocas, nós evoluímos, adquirimos experiências, conhecimentos..." Sexo é uma equação de dois. Será? Tem gente que faz a três, quatro, e com quantas pessoas toparem a suruba. A pessoa que faz sexo com muitos parceiros durante a vida é necessariamente mais experiente e completa do que aquela que preferiu, consciente ou inconscientemente, cultivar um ou poucos parceiros? Da pornografia às formas mais amorosas do sexo, acreditamos que pode haver evolução, amadurecimento e transcendência no rala e rola.

Para entender um pouco mais dos significados do sexo em suas diversas fases (afinal ele nos acompanha, pelo menos em pensamento, por toda a nossa vida adulta) e se realmente dá para se realizar no amor e no gozo, entrevistamos o Waldemar Magaldi, um dos maiores investigadores da alma humana do país. Esse psicólogo especialista em psicologia junguiana se "delicia atendendo clientes no consultório", como ele próprio diz, e afirma que "nos deliciamos com o acúmulo". Será que transar como loucos com muitos e variados parceiros pode ser considerado uma forma de acúmulo? Além de sexo, vamos falar um pouco também de sofrimento, porque a gente tem uma preguiça danada de gente que quer estar feliz o tempo todo.

Vamos descobrir nesse papo incrível que a dor e o sofrimento na verdade são nossos aliados e que com o tempo, sim, o sexo só melhora! Ah, e polêmica: um pouquinho de autoridade não faz mal a ninguém.

Ismael - *É verdade que existe um caminho evolutivo para o amor que vai desde a Porneia até o Ágape?*

Waldemar - Isso tem muito a ver com a própria evolução da pessoa. Em cada estágio evolutivo a pegada é proporcional. Vamos lá. Primeiro a gente tem a ***porneia.*** Quando falamos da porneia, quer dizer que o sujeito está preso nele mesmo. **O amor porneia é o amor da masturbação**, em que o indivíduo é autossuficiente e o outro importa menos do que ele próprio. É aquela história do "eu não estou com você pelo que você é, mas pelo que EU SOU quando estou com você".

Ismael - *Tem muito sujeito por aí que fica nessa até o fim da vida...*

Bianca - *Ficar nessa fase ou estágio do amor independe da idade?*

Waldemar - Independe de idade, situação socioeconômica ou cultural. Eu me lembro de um caso interessante de um casal que me procurou. Uma moça bonita de uns trinta e poucos anos, médica bem-sucedida, e ele, engenheiro, na mesma faixa de idade. Toda noite ela chamava o marido para a cama e ele dizia que não, que tinha que resolver negócios pelo computador. Enfim, era engenheiro e tinha coisas importantes para resolver. Uma noite ela resolveu chamar o cara, tirá-lo do computador, e pegou o sujeito na maior masturbação, olhando imagens... porneia pura, isso é a porneia. Isso é muito comum. Eu ouço relatos de homens dizendo: "Olha, não transo com a minha mulher há mais de dois meses, mas me masturbo todo dia de manhã... e às vezes à noite também". Porque é aquela coisa do cara pensar: "Só eu sei do jeito que eu gosto...". É uma coisa tão autocentrada que realmente não existe o outro, existe só o objeto da minha própria fantasia.

Bianca - *Isso acontece tanto com o homem quanto com a mulher? Porque há uma lenda de que o homem se masturba mais que a mulher...*

Waldemar - Acontece com os dois, porque tudo faz parte do processo da imaginação. E no processo de imaginação a gente tem muito mais vantagens do que na realidade. Quanto mais inseguro o indivíduo, mais propenso ele está a ficar nesse processo da porneia. Mas o sujeito faz justiça com as próprias mãos! Tudo dá certo desse jeito porque é a "minha" criação. Tanto é que o homem que tem uma situação de muita masturbação pode virar um ejaculador precoce, isso é uma tendência natural, porque quando ele está com o outro, perde o controle. Na masturbação ele vive o mundo virtual dele. E na masturbação ele não brocha...

Ismael - *Imagine o sujeito brochar pra se masturbar! (risos) Mas é possível achar um equilíbrio? Muita gente adora se masturbar e continua com uma vida sexual legal com o parceiro.*

Waldemar - Tudo depende da energia que a pessoa deposita naquilo, na própria sexualidade. É claro que quando a pessoa está com ideias, com projetos, a sexualidade vai sendo dissipada por todo esse tipo de coisa. A ideia de Carl Gustav Jung é genial porque ele fala o seguinte: a energia psíquica é constante, fixa e indestrutível. Ninguém dá e ninguém tira energia de ninguém. E como ela é constante, ela é suficiente. O caso é que se ela é constante e fixa eu não consigo colocar energia em várias coisas ao mesmo tempo: ou eu coloco em uma coisa ou em outra coisa, porque o cérebro também é limitado. Por exemplo, o 69, que é uma imagem excitante. É excitante para quem está vendo e se masturbando, porque para quem está praticando a excitação não é tão grande. O cérebro não consegue se dividir em duas atividades. Ou eu estou me concentrando em chupar ou eu estou me concentrando em ser chupado. Se eu paro em uma coisa eu perco a outra! O 69 é muito bom para o punheteiro, mas nem tanto para quem está vivendo a experiência.

Ismael - *Dar, receber e retribuir como base da natureza humana. Como é que isso se concretiza no amor? Porque o 69 é essa tentativa de dar e receber ao mesmo tempo! Agora eu tô em crise... que horas eu dou, que horas eu recebo...*

Waldemar - Do ponto de vista sensorial não dá, porque o cérebro é limitado, e para eu me entregar para a fantasia duas coisas ao mesmo tempo não dá. A prática é interessante, mas você fica assim, uma hora em uma coisa e uma hora em outra. E nessa de dar, receber e retribuir você acabou de pegar o gancho para a outra fase do amor, que é o Eros, em que já existe a questão do receber e retribuir. O Eros já implica um vínculo. Aí é o amor romântico, em que nós dois nos bastamos e que se dane o mundo! É uma fantasia em que não precisamos de mais nada, ainda é muito primitivo, meio adolescente, mas já está melhor do que ficar na condição de porneia, em que na transa eu fico comigo mesmo e o outro é só um objeto. No Eros o outro para de ser esse objeto e passa a ser sujeito. Já temos aqui a pegada do amor, e o amor é proporcional à capacidade de doação. Eu amo aquele que recebe, porque aqui é mais importante para mim dar do que receber. Um exemplo: você nunca vai dizer que alguém ama mais os pais do que os próprios filhos, porque eu amo quem está recebendo, amo quem está se gratificando com aquilo que eu tenho para dar. Esse é um amor dual, importante, que já existe. Mas eu acho que a humanidade ainda está na fase anterior, na porneia.

Bianca – A humanidade? Por quê?

Waldemar – A economia gira muito em função de coisas do prazer individual. Drogas, ilícitas ou não, pornografia e moda. E a moda está muito voltada para si. Coloque aí o carro, que hoje também tem a ver com o ego, e a indústria de armas e de segurança e a gente já passou de 70% do PIB.

Ismael – *A pessoa que está na fase seguinte, a do Eros, o que ela consome?*

Waldemar – O cara que está no Eros está na relação de dependência. Ele quer o outro intensamente. O problema aqui é virar um amor patológico. Porque a pessoa pode querer eliminar o entorno, achar que o entorno vai dar problema. Aí vem o ciúme.

Ismael – *Vamos falar um pouco sobre aquelas pessoas que só gostam de sair com pessoas muito mais novas. Por exemplo, aquela mulher de 70 que sai com o cara de 30. Essa mulher reclama que o homem da idade dela não tem energia para a balada, que não beija mais na boca. O que explica essa necessidade que algumas pessoas têm de se relacionar com outras muito mais jovens? Por que alguns mais velhos fazem de tudo para manter a energia, o ritmo dos jovens?*

Waldemar – Sobre a coisa de beijar acho que o problema é do mau hálito! (risos) Tudo depende de como o indivíduo está lidando com o próprio envelhecimento, se ele está aceitando ou não. Se a pessoa não aprende a lidar com o envelhecimento de uma forma integral, a tendência é que ela vá buscar alguma coisa do passado, fica fixada naquilo, e isso é muito ruim. Aí vira o Peter Pan que não quer crescer. Há um filme muito bom que se chama *Morte em Veneza.* No filme a gente vê uma pessoa que se apaixona por outra mais jovem, mas na verdade fica claro que aquilo é um processo de reaproximação com o jovem que existe nele - com o jovem dele, com aquilo que ele foi no passado. O Jung fala disso, que é quase um quadro vampiresco, em que você quer absorver a energia vital do jovem, porque é claro que um jovem te revitaliza.

Bianca - *Revitaliza mesmo ou é uma ilusão?*

Waldemar - Revitaliza, porque você começa a se sentir muito doador, com muita história, gerando encantamento... É muito pontual e transitório, no fundo vai acabar virando uma sensação de vazio enorme. Poxa, chega uma hora em que a gente está mais pra domingo de manhã do que para o sábado à noite! (risos) Essa situação envolve uma relação de poder.

Ismael - *Tem o papo de que é importante para a mulher, no início da sua vida sexual e de relacionamentos, se entregar para um homem mais velho, exatamente para adquirir experiência. Isso é uma boa troca?*

Waldemar - O problema é que pode cair no vício e a pessoa então não saber lidar com a perda. Muitos crimes passionais acontecem por conta disso. Veja o caso daquele jornalista, o Pimenta, que não deu conta, não conseguiu lidar com a perda. Ele tinha um gap de idade grande... Não dá conta! Fica viciado mesmo, fica obcecado por aquilo. Eu não sei se deve haver regra. Tem o filme que consagrou a Brooke Shields, *A Lagoa Azul,* que é maravilhoso, aquela descoberta dos dois. Os dois virgens se encontrando e se acontecendo. Por que seria preciso alguém mais experiente para alguma coisa? A natureza tem todo o arquétipo da natureza do amor no seu inconsciente coletivo, então está tudo certo!

Ismael – *Mas e quem tem medo de amar? Pode contar com o inconsciente coletivo para aprender a amar?*

Waldemar – Amor é doar. Em um mundo que é tão competitivo, tão egoísta e tão acumulativo, ninguém quer dar. O indivíduo quer ir para uma relação com a garantia de que não vai perder nada nem colocar nada em risco. Se eu me coloco em uma relação sem colocar nada em risco e sem perder nada, o que eu estou dando de fato? Então isso não é amor, é *business*, apenas negócios! Contrato pré-nupcial... O Jung diz assim: "O amor custa caro e nós não podemos transformá-lo em barato". O amor te dá a possibilidade de perda, da traição que faz parte do contexto. Mas eu tenho que me entregar para isso, senão não tem transformação, não tem crescimento. Aí é melhor sair com puta, com puto. Tudo belezinha...

Ismael – Você usou a palavra "acúmulo". Dá para dizer que na esfera do sexo e do relacionamento acumular parceiros é como acumular bens materiais?

Waldemar – Certamente. E isso já está incrustado na mente das crianças. Com 14 ou 15 anos vai para a balada e fala: "Fiquei com seis, sete...". Então a coisa já começa na contabilidade. "Fiquei com dez, tio!" Aí eu falo: mas o que ficou desses dez? Muito provavelmente um supersapinho! (risos) Socializou muito a flora! Ficou o quê? Não fica nada. O medo para uma entrega é enorme. A saída mesmo é sempre o amor. Acho um absurdo essa coisa de distribuir camisinha. Isso é dar para o indivíduo a necessidade e a obrigação de usar aquilo, aquele instrumento. O Carnaval é legal, use camisinha e pronto! Na verdade, o que deveríamos fazer é trabalhar a questão do amor. A sexualidade perdeu o sentido. A relação sexual deveria ser uma comemoração festiva de uma relação de amor. Ou seja, eu vou memorar, trazer à memória com o meu parceiro de forma festejada a relação de amor! Hoje eu vejo o contrário, moças de trinta e poucos anos, formadas etc., morando sozinhas, desesperadas querendo um relacionamento e não conseguem. Elas têm porneia, mas não têm amor. Elas pensam: "Se eu dou na primeira, sou puta, se eu não dou sou cu doce, se me jogo é porque estou desesperada para casar". Essa mulher está perdida, sem amor. As pessoas não promovem o encontro, ficam se entupindo de energético na balada e pulando de maneira pueril. Não têm amor. As pessoas acabaram se esquecendo do que é o amor porque não querem correr risco e se entregar. Por que as pessoas não conversam? Tanta coisa pode ser dita antes de ir para a cama. Tudo se inverteu! Tirar a roupa e transar, que para mim era a consagração da intimidade, virou a coisa mais superficial, uma coisa mecânica. A intimidade mesmo, que é falar e conversar, virou um tabu. Hoje a gente faz sexo oral mas não faz sexo verbal.

Ismael - *A que você atribui essa inversão? Porque antes o sexo era o que demorava, precisava conversar muito antes de ir pra cama. Às vezes, anos de namoro.*

Waldemar - Há uns cem anos que essa mudança vem acontecendo. As exigências do casamento foram ficando cada vez maiores. Antigamente a menina de 16 anos casava com o rapaz de 19 e iam morar todos na casa da família, todo mundo ali. Hoje, com essa coisa de todo mundo ter casa, carro, foi-se postergando o casamento. Não dá mais pra casar tão cedo, mas a sexualidade continua lá. Aí, o que poderia acontecer: ou aumenta a prostituição ou diminui o tabu da virgindade. Aconteceram as duas coisas.

Bianca – *Já que você falou em prostituição, o Oscar Maroni (dono da boate Bahamas, uma das mais tradicionais e bem frequentadas de São Paulo) disse pra gente no programa de TV que a maioria esmagadora dos homens que frequentam sua boate são casados e bem-sucedidos e vão lá para fazer com as putas as baixarias que não fazem com a própria esposa. Será que o amor do casamento nesses casos está reprimindo a porneia?*

Waldemar – Ir para Eros não significa acabar com a porneia. É como uma escada. Quando vamos para o degrau seguinte, se destruirmos o anterior, não dá certo, nós caímos. Não se pode perder o anterior. Precisamos continuar com a fantasia, com o fetiche e com toda a estimulação. Se o homem não está evoluído no amor, ainda está inseguro, fica muito difícil entender a demanda sexual da mulher. E o homem tem essa coisa de uma sexualidade mais dominante e mais descartável mesmo.

Ismael – *Na nossa escada da evolução do amor, depois do Eros, vem o quê?*

Waldemar – Antes preciso falar de uma coisa que ficou pendente nesse papo, que é sobre o inconsciente coletivo. Ele é a ideia de que nós temos o substrato de um conteúdo simbólico de temáticas existenciais como base de todo ser humano. Todo ser humano tem de alguma maneira a temática do nascer, casar, morrer... E a busca da felicidade através da sexualidade, da segurança, da realização, do se sentir pertencente ao social, do servir. Encontrar um significado para a vida, isso faz parte do inconsciente da humanidade. Bom, então vamos para o nosso salto. Quando esse amor (*Eros*) começa a perceber que tem filhos, que tem entorno, que tem história, que tem humanidade, esse amor vai para a *philia*. Agora não é mais eu e você e que se dane o mundo. Não existe mais isso. Agora vamos sair da alcova e produzir, para esse amor gerar trabalho social, gerar algo para a humanidade, até porque esse amor já frutificou. Já tem prole, já tem descendência, tem posteridade. Então por isso a *philia,* você vai se filiar a ideias. Aí a relação ganha outra pegada. Não abandonou a *porneia,* não abandonou o *Eros,* mas acrescentou alguma coisa. É mais ou menos assim: filiar-se à humanidade. Há muitos casais interessantes por aí que se engajam em uma causa maior e que começam a trabalhar juntos, construindo juntos e seguindo adiante. Nisso um acaba lutando pelo crescimento do outro, os dois engajados por uma causa maior. Essa seria a razão da conjugalidade: o tesão não deixa de ser sexual, mas ganha outra dimensão.

Ismael - *O contrário também pode acontecer, a relação surgir desse apoio, dessa admiração, e só muito tempo depois ser sexual e incluir a porneia.*

Waldemar - Claro. Isso depende do momento de vida em que se dá o encontro. Se o encontro acontece com um indivíduo mais maduro, a tendência é começar por aí, pela *philia.* Às vezes até pelo *Ágape.* E o resgate da *porneia* pode acontecer o tempo todo. O importante é esse movimento.

Ismael - *Então o Ágape, nosso próximo degrau, o que é?*

Waldemar - O *Ágape* é o amor da compaixão. Aí

o indivíduo já ultrapassou, esse é o amor de Jesus, o amor de Buda, é quando o sujeito chegou próximo daquilo que Jung chamava de *individuação.* Ele quer se tornar um agente de transformação da humanidade, ele não está nem mais filiado a um grupo (*philia*), ele está amando o próprio amor. *Ágape* é você aprender a amar o amor.

Bianca – *É possível chegar a esse tipo de amor?*

Waldemar – Creio que sim. Mas só pela espiritualidade. À medida que o indivíduo vai amadurecendo na relação com o amor, ele vai saindo da promiscuidade e vai ganhando a castidade. E castidade não tem nada a ver com celibato. Celibato é deixar de ter sexo. Tem muito indivíduo casado, com vida sexual ativa, que tem uma pegada de castidade, porque está se aproximando do *Ágape.* Nesse ponto ele vira um ser comprometido com o processo de entrega para a humanidade como um todo.

Ismael – *É muito difícil passar a vida ao lado de uma mesma pessoa, subir todos esses degraus... Imagine, até chegar ao Ágape!*

Waldemar – Olha, na maioria das vezes as pessoas se separam porque não conseguem superar a primeira crise. Na primeira crise, como a oferta (de outros parceiros) é muito grande, a pessoa dá um passo para trás e tenta outra vez. E fica sempre nessa: dando passos para trás e tentando mais uma vez. Hipócrates, o pai da medicina, tem um aforismo famoso: "O que te fere é o que te cura". A melhor forma de superar as crises é através do diálogo, dessa capacidade de discutir a relação não falando do outro, mas de si mesmo. Falar de si é se perguntar: "Por que estou nessa?", "Por que estou nessa situação de querer olhar para a janela em vez de olhar aqui para dentro?". Ou seja, o casamento é um processo terapêutico, a própria conjugalidade é um processo de crescimento em todos os níveis, desde que os dois tenham esse compromisso.

Bianca – *E quando o homem e a mulher estão em fases diferentes, em níveis de amadurecimento diferentes?*

Waldemar – Aí vai existir um desnível. Quem está mais evoluído representa um continente, e o outro o contido. O contido acaba se sentindo sufocado. Na minha visão, quando o indivíduo está bem resolvido ele vai buscar o igual. O diferente atrai, mas é difícil viver com o diferente. Para buscar essa unidade de transformação a gente deve buscar o igual.

Ismael – *Agora a pergunta derradeira. Fale um pouco sobre a morte. O que fazer depois que nosso amor da vida morre?*

Waldemar – O amor não morre, o amor continua. Ninguém tira ele ou ela de mim. Fica lá, morre só fisicamente. Morreu meu pai, mas ele continua vivo em mim, reverberando. E a morte não me impede de ter outras relações. A história está aí, você não perde. Saber lidar com isso é transformar. É a vida.

4

SEXO

A VIDA SEXUAL CAIU NA MESMICE?

Seja namoro ou casamento, os relacionamentos parecem vir com prazo de validade quando o assunto é sexo. Depois de algum tempo – que pode ir de 6 meses a 5 anos, dependendo do perfil do casal –, parece que a libido da mulher e do homem é abduzida por alienígenas de cabeça oval na calada da noite. Eles continuam a sentir tesão por uma série de situações e pessoas, mas quando olham um para o outro têm uma disposição sexual de urso panda (para quem não sabe, os pandas estão em extinção **justamente** porque têm uma preguiça louca de transar). E o mesmo acontece com muitos e muitos casais quando a paixonite acaba e fica só o tão sonhado amor.

Sabe quando a principal missão do casal passa a ser pegar no sono na frente da TV, no meio de um filme pirata legendado pelo Google Tradutor, depois de devorar um litro de sorvete no pote e arrotar em perfeita sincronia? Pois é. Faz dois meses e meio que vocês não transam e a ideia é passar pelo menos mais dois meses e meio sem depilar a virilha (ela, supõe-se!) e sem aparar os pentelhos do saco (ele, também mera suposição!)? Poooois é. E atenção: é claro que é uma delícia pegar no sono juntinho vendo TV depois de assaltar a geladeira. O problema é quando isso se torna rotina e, acima de tudo, quando substitui a vontade que o casal tem de ficar pelado, beijar, pegar aqui e acolá.

Brincadeiras à parte, há uma série de fatores que podem influenciar as pessoas a não terem mais tanta vontade de transar com o parceiro ou a parceira depois de certo tempo. Mas a primeira coisa a fazer quando o casal ainda se curte, mas não está mais transando, é uma e UMA SÓ: **voltar a pensar em sexo**. Sim, porque quando o furor de dopamina e endorfina que nosso cérebro libera quando estamos apaixonados cai (fato que acontece depois de alguns meses e é absolutamente natural), a tendência é o casal esquecer o que cada um tem ao sul da linha do Equador pra só se preocupar com outras coisas, como trabalho, contas a pagar, reforma da casa, morte da bezerra e por aí vai. Ei, mas isso quer dizer que nenhum dos dois gosta mais de sexo? NÃO, NÃO e NÃO! Quer só dizer que como a necessidade sexual que um tinha pelo outro não é mais só fruto de pura química cerebral, o que passa a falar mais alto é a famosa preguiça (e assim descobrimos o panda que habita em cada um de nós).

Então vamos às quatro dicas práticas que a gente formulou E COMPROVOU que funcionam para manter a lombriguinha sexual alimentada e VIVA depois que o fogo estabiliza.

1. Pensem em sexo e falem de sexo um com o outro, sempre!

Se o casal para de pensar naquilo e falar daquilo, é batata: aquilo sai da lista de necessidades que vocês têm na vida pra virar supérfluo, tipo aquele creme de R$ 200 que você "não precisa comprar hoje nem mês que vem" ou aquela viagem que você sempre deixa pro ano que vem porque "não fala a língua", "é longe", "o dólar subiu", "as férias não batem" etc. etc. Qualquer coisa que se queira fazer na vida precisa ser pensamento constante e virar cotidiano entre o casal, senão nada se concretiza. Sexo não é diferente. Relembrem os melhores momentos, comentem cenas de filmes, leiam artigos sobre o assunto e mostrem um para o outro, deem risada disso, pensem no que gostariam de fazer e DIGAM em voz alta. Falar de sexo ativa aquela partezinha do nosso cérebro que gosta do tema – e também aquela partezinha que fica ao sul do Equador e que não serve só pra descarregar os litros de chá e Coca-Cola que você tomou durante o dia.

2. Deixem a preguiça de lado!

Já ouviu falar da lei da inércia? É um conceito simpático da Física que diz que todo corpo em movimento tende a permanecer em movimento e todo corpo parado tende a permanecer parado. Isso significa que se vocês deitam um do lado do outro e não fazem um esforço sequer pra começar qualquer movimento sexual, isso não vai acontecer por livre e espontânea vontade. É a famosa **síndrome do panda** dominando a cama de vocês. Então tem que vencer a preguiça e dar aquele impulso inicial que vai tirar os corpos de vocês da inércia. Carícias, beijos, pegadelas... Essas são as ações que deixam as pessoas excitadas. Não dá pra ficar reclamando que o outro não procura mais ou que a outra não gosta mais de sexo quando ninguém toma uma atitude **simples** e **direta** pra estimular a ideia! Então **mexam-se** um pouco e vocês vão ver que, como num passe de mágica, o que tem que levantar levanta e o que tem que molhar molha!

3. Cuidem da aparência e dos odores!

Não tem coisa mais ANTITESÃO do que estar com alguém que não está nem aí para a aparência. No começo a pessoa faz tudo direitinho, usa umas roupinhas bonitas, vive perfumada, faz o cabelo, corta as unhas, passa talquinho... E daí o relacionamento avança e os relaxos começam a aparecer: roupa velha, unha do pé enorme, cabelo sujo, cara amassada de travesseiro, bafo de onça, chinelo com meia e o rei das noites sem sexo: o famigerado pijama furado. Minha gente, não estamos falando aqui de estilo, até porque cada um tem o seu e isso não se discute. Estamos falando dos cuidados que a gente precisa ter pra continuar a ser atraente pra outra criatura! Não há marido ou namorado que chegue no final do dia e encontre uma mulher descabelada, de pantufa, pijama velho e cara de sono e daí fale: "Nossa, hoje eu quero comer você todinha!". E não há mulher que entre no quarto e veja um zé pança com a camiseta do time que ele está usando faz quatro dias, a mão dentro da cueca coçando o saco e as meias no meio da canela e pense: "Hoje eu vou fazer esse homem subir pelas paredes!". Quer transar, quer que a pessoa olhe pra você e sinta desejo? Então mostre que se importa em ficar bem pra ele ou pra ela. Não é só quando vocês vão jantar fora uma vez por semana ou, pior ainda, quando vão a uma festa em que vão estar três ex-namorados e vocês querem estar um arraso. Nããããooooo!!! Brinquem de se fazer atraentes **diariamente** e lembrem que, mesmo que seja de chinelo e regata, todo mundo pode ficar um tesão, contanto que cuide dos detalhes. Além de agradar os olhos de quem olha, a autoestima vai ficar em dia (elemento **fundamental** para um bom sexo, afinal, um dos grandes problemas sexuais do mundo é também a baixa autoestima).

4. Apimentem a relação!

Essa parte é lugar-comum quando se fala de agitar a vida sexual de um casal. E existem mil maneiras de fazer isso.

Agora, uma dica importante: não fiquem se cobrando peripécias que não tenham a ver com vocês. Não tem receita de bolo. Tem coisa que funciona muito pra uns e não faz o menor sentido pra outros. Aí a gente lê naquelas revistas femininas: "101 maneiras de deixar a relação mais quente!" e descobre que só 2,5 funcionam. Não é porque a revista é uma joça (ou até pode ser, vá lá), mas sim porque cada casal tem uma dinâmica própria, um universo particular, um imaginário privado. Tem gente que acha legal jantar à luz de velas ou tomar banho de espuma com essências; já outros acham isso uma frescura inútil e têm tesão por comer pratos novos tomando um vinho e comentando os ingredientes e aromas; tem gente que gosta de ver filme pornô, mas não sente vontade nenhuma de transar com outras pessoas; já tem gente que adora fazer *ménage* ou ir a casas de suingue, nem que seja só pra ver outras pessoas transando ao vivo. Não importa o que vocês façam – só precisam identificar quais são os **pontos fora da reta da rotina de vocês** que vão fazer a diferença. Como assim? Olhe o esquema:

Linha da rotina do casal

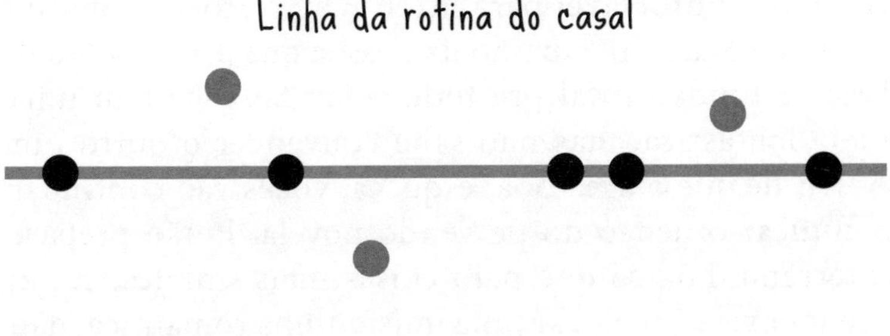

● COISAS QUE VOCÊS JÁ FAZEM
(cinema, chopinho, jogar tênis, o que for)

● COISAS QUE VOCÊS FAZEM DE VEZ EM QUANDO PRA DAR UMA APIMENTADA NA RELAÇÃO
(usar novidades do sex shop, ver filminho de sacanagem, entrar juntos em sala de bate-papo de solteiro, transar no mar com uma gravata amarrada no pescoço, o que for!)

Como muitos casais sofrem não só da síndrome do panda como também de enfadonha falta de criatividade, o nosso próximo capítulo será inteiramente sobre algumas das modalidades mais utilizadas para dar essa sacudida na rotina (principalmente aquelas que homens e mulheres têm mais dificuldade de assumir que são opções e fantasias perfeitamente plausíveis e realizáveis na vida a dois!).

MODALIDADES PARA APIMENTAR MESMO A RELAÇÃO

O casal que está pensando em incluir novos elementos para dar uma movimentada extra na vida sexual precisa entender uma coisa: façam o que for, tem de ser algo que seja excitante e prazeroso para OS DOIS. Mesmo que se trate de uma fantasia ou ideia que partiu só de um, o outro tem que, mais do que topar, achar **interessante** e se sentir **confortável** para fazer. E aí, claro, o poder de argumentação e persuasão da pessoa que propôs o novo lance é fundamental pra tudo rolar. Se você tem uma ideia fantástica, mas não sabe convencer o outro por A + B de que é uma boa, esqueça, vocês vão continuar a cutucar o dedão do pé vendo novela. Então prepare o terreno. Lógico que para coisas mais simples, como acender velas e colocar uma musiquinha romântica, não tem muito erro (a menos que o outro seja um metaleiro pirofóbico). Mas para outras coisas, que exigem um empenho e uma abertura no comportamento ou mudança de paradigma, é preciso preparar o terreno. Como fazer isso? Simples:

>>**Estude o tema.** Converse com pessoas que você conhece e que são adeptas da prática (amigos, primos, colegas de trabalho com quem você tenha liberdade de falar sobre essas coisas), leia a respeito, descubra onde e como, quanto custa (se custar alguma coisa) e tudo aquilo que você puder reunir de informações relevantes sobre o pulo do gato que tem em mente.

>>**Deixe o preconceito de fora.** A maior parte das pessoas nem tenta realizar as fantasias dentro do relacionamento porque conclui, sem nem mesmo perguntar, que o parceiro ou a parceira não vai topar, vai achar horrível, vai ficar com nojo, vai dar risada etc. Isso é um erro. A menos que a pessoa já se tenha declarado veementemente contra algo, achar que ela não vai querer é preconceito SEU.

>>**Sugira.** Tá, cada casal tem seu esquema e seu jeito de conversar, mas não fique dando muita volta no poste senão você desiste. Sente e **fale**, **sugira** sua ideia. E faça isso de um jeito leve, afinal a função de realizar uma fantasia é pura e simplesmente tornar a vida sexual mais gostosa. Por isso você não tem que falar das suas vontades como se fossem uma disfunção psiquiátrica, caramba!

Para ajudar com as ideias, a gente fez uma listinha básica das fantasias sexuais mais comuns que as pessoas às vezes passam a vida sem realizar. E, como não existe nada mais heterogêneo do que os gostos na hora do sexo, separamos em três categorias pra você ver com qual se identifica mais. A ideia não é só ficar nesse nosso bê-á-bá, mas sim que o bê-á-bá inspire vocês a pensar em mais opções dentro daquilo que acham gostoso. Vamos lá?

CASAIS DE POUCA ABERTURA

(Aqueles que têm fantasias realizáveis a dois e não têm a mínima vontade de incluir estímulos de terceiros no cardápio, sejam reais ou virtuais)

1) Brinquedoteca de adulto: não dá nem pra contar o tanto de produtinhos e produtões interessantes que você encontra num sex shop. Vocês têm que entrar, fuçar e, se tiverem dúvidas, perguntar pra que serve cada coisa. Massageadores, lubrificantes sabor-tudo, cremes que esquentam aqui e esfriam ali, jogos como aquele em que você lança os dadinhos e tem que fazer o que eles mandarem, tipo "beijar + pescoço", "massagem + pênis", "lamber + mamilo" e por aí vai... Essas lojas são abarrotadas de tranqueiras interessantes e muito úteis para experimentar a dois.

2) Videoteca de adulto: os famosos filmes pornográficos continuam bombando e se engana quem acha que é coisa de homem. Hoje a mulherada assiste e gosta, até porque a internet possibilitou que qualquer um possa ver o que bem entende sem ter que passar pelo "constrangimento" de consultar a mocinha da locadora sobre os lançamentos mais recentes. E quem ainda tem preconceito com essa categoria do cinema não sabe o que está perdendo: é só apertar *play* que um mundo de aventuras se abre, com um monte de situações que deixariam qualquer um em ponto de bala! É só se soltar e aproveitar o embalo (só recomendamos que a pipoca fique de fora da sessão, mas, de novo, vocês é que sabem!).

3) Showzinho particular: tem gente que adora essa modalidade. Entre quatro paredes, o casal brinca de se transmutar em tudo quanto é coisa – isso inclui desde teatrinhos e dramatizações dignas de Oscar até roupas e decoração especial pra tornar a fantasia ainda mais verossímil. O cara sempre sonhou em comer uma médica? A mulher compra roupa branca e estetoscópio, os dois passam o dia se falando como se fossem dois estranhos – ele o paciente tarado, ela a médica ninfomaníaca – e à noite eles se encontram pra transformar o quarto em consultório e vice-versa. Noites de bom sexo garantidas. Basta saber entrar na personagem e, principalmente, saber ficar nela o tempo necessário para não quebrar o encanto!

CASAIS DE ABERTURA INTERMEDIÁRIA

(Aqueles que flertam com a participação de terceiros para apimentar a relação, mesmo que seja virtualmente ou só a distância)

1) Pegação virtual: tem casal que se anima com a fantasia de trazer mais alguém para participar do festim deles na cama, mas não tem vontade de chegar às vias de fato. Para esses a internet se ergue como um mundo de possibilidades: dá para entrar em qualquer sala de bate-papo e fazer sexo virtual sem compromisso com outras pessoas. A prática é mais do que comum pra solteirada de plantão – e isso vai desde teclar indecências até usar a webcam para tornar a coisa mais "palpável". A dica para os casais é que se sentem lado a lado para entrar na brincadeira, assim os dois vão decidindo juntos até onde querem chegar e com quem. A interação é extremamente estimulante e a segurança de casa garante o soninho tranquilo pós-coito cibernético!

2) Voyeurismo: o termo vem do francês "voyeur", que significa "observador". São as pessoas que gostam de olhar para as outras, mas sem ter contato com elas. Sabe aquele vizinho do prédio ao lado que fica espiando as meninas bobinhas trocando de roupa com a janela aberta? É o tipo mais comum (até porque se tem mulher se trocando com a janela aberta, 99% dos homens se tornam automaticamente voyeurs, mesmo que sejam gays e fiquem olhando só para falar mal da mona!). Entre casais, o voyeurismo pode ser um bom turbinador. Exemplo: o casal vai a uma casa de suingue, mas não participa ativamente de nenhuma dinâmica. Fica só vendo e sendo visto, sem interagir com os outros. É o que mais tem nesse tipo de lugar e o máximo que pode acontecer é alguém chegar junto, para vocês educadamente dizerem que não estão a fim. Nas casas de suingue existe um código rígido de conduta que as pessoas respeitam religiosamente – e muito mais do que em qualquer balada normal. Aí vocês vão deitar e rolar na fantasia de ver gente pelada, gente se chupando, gente se masturbando e gente se comendo. Ao vivo e em cores, mas só vendo. O resto fica por conta de vocês.

3) Conversinhas picantes: um lance casual, mas que pode oferecer certo risco. Sabe aquele casal de amigos com quem vocês esvaziam garrafas e falam sobre tudo? Ou então aquela amiga solteira com quem vocês se dão superbem e que vive falando das atividades extracurriculares dela durante os jantares a três de vocês? Então, esse tipo de relacionamento pode ser um tempero alucinante para qualquer casal que tenha uma cabeça mais aberta. Não que vocês tenham intenção de ir além com essas pessoas, mas o fato de compartilhar detalhes íntimos com os outros em comum acordo dá um tesão louco e atiça a curiosidade de viver as mesmas experiências que o casal acaba de ouvir, mesmo que seja de brincadeira. Mas atenção: como se trata de pessoas com quem vocês têm proximidade na vida REAL, é preciso tomar cuidado com os exageros e para não ultrapassar aquele limite tênue entre o papo picante e outra coisa – até porque, quando não é feito de forma bem resolvida, esse é o tipo de caca que pode azedar o casal e estragar qualquer amizade.

CASAIS LIBERAIS

(Aqueles que topam interagir fisicamente com outras pessoas – coisa que pode ir de pequenas brincadeiras até grandes bacanais, dependendo do casal)

1) Casas de suingue: não há lugar mais apropriado para casais que querem se aventurar na seara das combinações múltiplas. Se o interesse é fazer troca-troca com outro casal, participar de sexo grupal ou simplesmente cair na farra com uma pessoa a mais, é nesse tipo de balada que os liberais encontram as mais variadas opções. Para os mais tímidos, uma dica importante: toda casa de suingue que se preze tem "salinhas privativas" para quem não quer transar na frente dos outros ou para evitar que outros causem interferência na furunfada. De resto, como em qualquer casa noturna, tem música, bar, petiscos e até camarote – com a diferença de quc cm qualquer lugar, a qualquer instante, vocês podem presenciar ou participar de uma cena *caliente*. A vantagem da casa de suingue é que todo mundo que frequenta está lá com o mesmo objetivo: sexo. Então não precisa ter medo de encontrar seu chefe ou aquela prima que mora na vizinhança –

afinal, se uma pessoa que vocês conhecem estiver lá, é pelo mesmo motivo que vocês, então todos vão agir com o máximo de discrição possível. Observação fundamental: antes de entrar, conversem bastante sobre quais são os interesses de vocês lá dentro, para evitar estresse na hora H. Querem transar com outro casal? Ok, então ele vai comer a outra mulher e ela vai dar pro outro cara. Querem só uma mulher? Ok, então fiquem de olho nas "presas" e declinem educadamente os convites de outros casais. Querem só um homem? Idem! Mas tracem claramente a estratégia de vocês para evitar ruídos e, principalmente, para curtir a noite em harmonia um com o outro. E, claro, se no meio da ação alguém não se sentir bem, é só dar um toque pro outro e sair pra respirar. Conversem e aproveitem juntos a experiência o tempo todo. Casa de suingue é diferente de relacionamento aberto – em linhas gerais, no relacionamento aberto os dois podem transar com outras pessoas sem que o parceiro ou a parceira participe; já a balada do suingue é uma coisa que o casal decide fazer junto, na mais sacrossanta união! P.S.: as casas de suingue vendem camisinha, mas é altamente recomendável que vocês se previnam e já levem algumas nos bolsos, assim não tem aperto na hora do gol. Parece papo de mãe de adolescente, mas sabemos bem que tem gente por aí que cisma em "esquecer" esse detalhe essencial. Lembre-se: a versão sexual do ditado "quem vê cara não vê coração" é "quem vê pinto não vê por onde ele passou antes e de que jeito".

2) Amizades coloridas: quem disse que só solteiros têm amizades coloridas? Só as mulheres livres, leves e soltas têm pinto amigo*, só os homens

* Pinto amigo: também conhecido como PA, é a versão mais atual da amizade colorida, em que a mocinha e o mocinho têm uma parceria estritamente sexual, sem compromisso nenhum de fidelidade.

descompromissados têm marmitinha*? Não! Casais também podem ter esse tipo de relação. Sabe aquele casal de amigos demais, que vocês dois acham um tesão? Ou então aquela amiga supermoderna que adora sexo e já falou pra vocês 296 vezes que transa com homem, mulher e o que mais aparecer na frente? Se vocês têm liberdade suficiente com essas pessoas pra saber que elas topam lances diferentes, por que não viver uma história do gênero? Aqui só são necessários alguns cuidados: primeiro, o sexo tem que ser mais importante do que a amizade. Óbvio que ninguém entra numa dessas pensando em acabar com a amizade, MAS existe o risco de isso acontecer. O sexo pode rolar por muito tempo, encontros e encontros a fio, mas talvez em algum momento alguém passe a se incomodar, e aí, dependendo de como todos vão lidar com o piti, a amizade pode ir para o ralo. Isso é regra? Claro que não. Tem gente muito esclarecida nesse quesito, tanto do lado do casal quanto do(s) convidado(s) pra farofa. Com esses a coisa é tratada com mais leveza que pena de pintinho: se todo mundo está a fim, ótimo; senão, "no problemo", a turma sai pra comer frango e tomar cerveja numa boa. Então é preciso saber quem vocês são e quem são as pessoas com quem estão pensando se envolver. Se a AMIZADE é muito mais importante do que o tesão da experiência, melhor manter a fantasia entre vocês; mas se o tesão está falando mais alto, coloquem tudo em panos limpos e se joguem!

3) Assunto de profissional: uma característica comum ao suingue e às amizades coloridas é que nos dois casos rola um jogo de conquista. Na casa de suingue, como em qualquer balada, vocês miram quem

* Marmitinha: é aquela pessoa pra quem você liga de vez em quando, só pra dar aquela trocada de óleo. No resto do tempo, você deixa a criatura em banho-maria, só aquecendo para a próxima vez – que não tem data marcada.

acharam interessante e aí precisam xavecar, assim como têm que se preparar para os mais variados xavecos dos outros. Com a amizade colorida, também é lógico que rola um exercício de sedução, em que o casal vai flertar com a(s) pessoa(s) amiga(s) e lançar a ideia quando já estiver em terra firme. Pra quem morre de vontade de fazer um *ménage*, mas não tem saco pra lidar com jogos de sedução – e, consequentemente, com a possibilidade de levar um "não" na cara –, existe a solução mais antiga do mundo: ajudinha profissional! Sim, contratar uma prostituta ou um garoto de programa pra fazer o serviço (tudo depende, de novo, do gosto do casal). Hoje você entra na internet, escolhe foto, tamanho disso e daquilo, cor do cabelo, cor dos pentelhos, tudo. Aí passa a mão no telefone, se informa sobre o preço e pronto: dia de festa! Dá para solicitar o "sex service" em domicílio, mas quem não quer que o prédio inteiro fique comentando sobre a pessoa "suspeita" que foi vista subindo ao 12B e só desceu depois de duas horas, existem também casas que fornecem o serviço "in loco" – ou seja, lá mesmo. Nesse caso, vocês vão até lá, sentam para tomar um aperitivo, escolhem com calma a(o) profissional que agradar e usam as próprias dependências do lugar. Ninguém sabe, ninguém viu! Importante: não escolham a pessoa só pela aparência. Lembrem-se de perguntar o que ela topa ou não – tipo sexo com outra mulher, beijo grego* no homem, sexo anal e o que mais vocês possam querer fazer dentro do quarto. Não dá pra pular essa etapa. Vocês estão

* Beijo grego: surgiu na Grécia Antiga, quando a prática homossexual masculina era vista como motivo de orgulho (e quanto mais status tivesse o parceiro – tipo um filósofo ou sábio –, melhor). Mas o beijo grego moderno nada mais é do que brincar com o fiofó alheio usando a língua e os lábios – e pode ser feito tanto em mulheres quanto em homens, sejam ambos héteros ou homossexuais. Tá cheio de marmanjo muito do macho que gosta de levar uma chupiscadela da mulher lá atrás. É só se jogar!

pagando por um serviço e precisam ficar plenamente satisfeitos, mas não é todo(a) profissional do sexo que faz TUDO. Cada produto tem suas características próprias, então informem-se com a pessoa sobre quais são as qualidades e falhas do serviço dela!

AS TARAS E PERVERSÕES DE CADA DIA NOS DAI HOJE!

Se a gente decide falar de sexo, tem que ser com todas as letras. Até porque ainda hoje, mesmo com tantos tabus sendo quebrados e tanta informação à disposição, muita gente insiste **assustadoramente** em classificar as pessoas que são adeptas de certas práticas sexuais incomuns como doentes. Cuidado! Pode ser que você se sente no sofazinho da psicóloga pra falar que curte algumas transgressões na cama e ela te pode com tesoura de jardineiro. Não é só porque a criatura tem um diplominha pendurado na parede atestando que está capacitada pra trabalhar a cabeça alheia que ela vai ser capaz de conduzir uma terapia competente com você. Fique de olho, porque há muito psicólogo de araque por aí.

Não pode haver preconceito quando o assunto é sexo. Se duas pessoas se encontram na vida, sentam pra tomar um chazinho e descobrem que ambas têm tesão por furunfar com um pepino enfiado no fiofó cantando o hino do Afeganistão, que bom pra elas! Contanto que os participantes do ato curtam a ideia e mais ninguém seja envolvido involuntariamente (ou atingido, no caso de jatos-de-qualquer-coisa) pela atividade, trata-se pura e simplesmente de SEXO – e nunca, jamais doença. Isso dito, montamos uma lista de **10 práticas sexuais tidas como bizarras** para espantar as nuvens da sua cabeça.

Se você se identifica com uma das práticas a seguir, acredite, você é NORMAL – precisa só encontrar alguém disposto a buscar esse pote de ouro com você! E, claro, se conhece alguém que faz coisas do tipo ou que te pediu algo assim e você achou o fim, esperamos que a partir de agora você compreenda a pessoa e, numa próxima ocasião ou convite, só diga "não, obrigado e boa sorte!", em vez de espalhar pra toda vizinhança que o Francisco Daniel é um tarado que precisa de tratamento!!

Posição 10: Sadomasoquismo

Prática muito conhecida e difundida, principalmente depois do advento da trilogia dos *50 Tons*. Agora todo mundo acha bonitinho e vai ao sex shop comprar espartilho de couro, máscara de tiazinha e chicotinho, né? Mas antes, lembre-se bem, o sadomasô era tido como um ato doentio pela maior parte das pessoas. No entanto, a ideia é simples: na vida, tem gente que gosta de bater e gente que gosta de apanhar. Quando dois seres desses se encontram, o resultado é explosivo. Aí vale tudo: cera quente de vela escorrendo na virilha, chicotada nas costas, mulher andando de salto agulha nas costas do dito cujo, soco na cara e o que mais aqueles mil e um objetos estranhos possam fazer no quesito "machuca-que-eu-gosto".

Posição 9: Partenofilia

Baita nomezinho estranho para uma coisa tão comum: homens que gostam de comer virgens. Ou seja, TODOS.

Não, sério, essa categoria é para homens que têm um tesão obsessivo por marinheiras de primeira viagem porque o ato todo deixa o cara excitado: forçar o cabacinho, tentar de um jeito e de outro até que a coisa vai, e aí desbravar um território nunca dantes visitado por macho nenhum na face da Terra!!!! Sim, Pedro Álvares Cabral entenderia os partenófilos, ó pá! E o tesouro é tão valorizado que, não se esqueça nunca, teve até mocinha leiloando a virgindade mundo afora. Os lances foram altos - e o martelo foi batido para um sereno japonês, que acabou não levando o prêmio, apesar de estar disposto a investir na causa, porque na última hora a queridona arregou.

Posição 8: Sementerapia

Fizemos questão de doar uma posição para essa prática que tantas mulheres insistem em não compreender: **engolir o esperma do parceiro**. Até porque muitas outras não têm problema nenhum com isso. Adoram ser lambuzadas de tudo quanto é jeito - no corpo, no rosto, onde for! - e até engolem a parada sem problemas. E se você acha tudo isso bizarro, saiba que a **grande maioria** dos homens tem essa tara. Ejacular em cima de qualquer parte do corpo da parceira ou dentro da boca da mulher deixa o cara enlouquecido. E caso você esteja preocupada com o que está ingerindo naquele jato esbranquiçado, a gente já fez a pesquisa por você, cara leitora. O esperma contém fructose, ácido ascórbico, zinco, proteína, cálcio, anticorpos, ácido cítrico, magnésio, vitamina B12, fósforo, sódio, potássio e ácido lático, entre outros nutrientes. Portanto, a partir de agora, se essa realmente não for sua praia, basta desculpar-se educadamente com seu macho: "Sinto muito, mas sou alérgica a ácido lático!".

Posição 7: Orgia

Essa vem da Roma Antiga e nunca saiu de moda. Basta juntar meia dúzia de neguinho e tá feita a festa! Agora, o lance da orgia é que não tem frescura: todo mundo pega todo mundo, no meio da galera, ao mesmo tempo, sem distinção de sexo, cor, religião ou time pelo qual torce. Tem hora que ficam três de um lado, dois do outro, cinco no meio e um buscando o celular e convidando mais quatro, tem hora que fica todo mundo junto e você não sabe mais cabeça de quem, cotovelo de quem, dedinho de quem, fiofó de quem... Então fecha os olhos e vai que vai! Agora, se você tem pavor de ônibus lotado ou nojinho de piscina pública, esqueça: orgia não é pra você.

Posição 6: Maieusofilia

Dessa vocês vão gostar: pessoas que acham um tesão comer mulher grávida! "Ai, tenho medo de engravidar porque vou me sentir como um leão-marinho! Pés inchados, barriga enorme, andar vagaroso, flatulências... Ninguém vai me querer!!!". Apresentamos a vocês o maieusófilo! Ele ADORA barrigão de grávida – quanto mais meses, melhor –, te ajuda a passar oleozinho de amêndoa no corpo todo e te come como se não houvesse amanhã! Na Fashion Week dos sonhos desse cara as modelos desfilam assim: "Josiane Santos veste Dolce & Gabbana, tem 38 anos e 7 meses de pura gravidez; Lourdes da Silva usa Stella McCartney, tem 42 anos e uma barriga de 6 meses... de gêmeos!!". Pronto, é o êxtase!!

Posição 5: Bondage

"Essa eu sei! Essa eu sei! É a pessoa que só transa com homem parecido com o James Bond!". Nããããão! "Bondage" é a prática sexual em que você gosta de **amarrar** ou **ser amarrado** na hora de furunfar. A pessoa fica absolutamente impossibilitada de se mexer. Só as partes que interessam ficam "ao ar livre". O único problema que vemos nessa categoria é no caso de o amarrado ou amarrada da vez sentir aquela vontade louca de se coçar. Corta-clima dos infernos, imagina? "Amor, cê pode dar uma coçadinha no meu dedão do pé, por favor?"

Posição 4: Beijo grego

Tem gente que adora lamber, beijar, mordiscar e fazer carinho no fiofó dos outros – e gente que adora receber. Agora mulheres E HOMENS vão ter que fazer força pra vencer preconceitos aqui: o beijo grego é uma prática que homens hétero fazem em mulheres, homens gays fazem em homens e, SIM, mulheres fazem em homem hétero. Essa história tem origem lá na Grécia Antiga, quando a homossexualidade era uma coisa perfeitamente normal para a sociedade e transar com homens era visto como um privilégio, ainda mais se fosse um sábio, professor, filósofo ou sei lá o quê. Aí os caras descobriram que ter o fiofó beijado era bom e a prática segue até hoje – agora, AINDA BEM, incluindo as mulheres.

Posição 3: Asfixiofilia

Também conhecida como asfixia erótica, essa é uma prática sexual de alto risco para a **vida**, mas que dizem que dá uma turbinada no orgasmo. O que acontece: quando a pessoa é parcialmente asfixiada ou estrangulada, ocorre uma redução no fluxo sanguíneo do cérebro. Se isso acontece durante a masturbação ou na hora do orgasmo, a falta de oxigênio do "esganado" faz com que ele fique tontinho, o que tornaria o orgasmo mais intenso. Mas CUIDADO: sempre existe o perigo de seu parceiro não afrouxar seu pescoço na hora certa – e aí você bate com as dez, sem brincadeira! Foi o que aconteceu com o ator David Carradine, do filme *Kill Bill*! O cara curtia essas coisas, aí foi se divertir sozinho com uma corda amarrada no pescoço dentro do armário de um quarto de hotel na Tailândia. Resultado: ele não alargou o nó antes que a passagem de ar fosse totalmente bloqueada, gozou, relaxou e... Bye bye, Bill!

Posição 2: Espectrofilia

Olha só! Essa é a prática sexual do pessoal que tem tesão por fantasmas, espíritos, deuses, duendes e outros seres imaginários. Sim, vampiros e feiticeiros entram no rol desses seres, caso você esteja se perguntando. Portanto, se você é fã incondicional da saga *Crepúsculo* e goza pensando em noites de amor com Edward Cullen, pode colocar seu crachazinho de espectrófila (ou espectrófilo, no caso dos machos que só chegam lá pensando na Bella, mas nunca assumiriam que são leitores de *Crepúsculo*)!

Posição 1: Urofilia e Coprofagia

Primeiro a urofilia: menininho fazendo xixi na menininha ou vice-versa. Vai desde "posso dar uma mijadinha na sua barriga durante o banho?" até beber o xixi inteiro, direto da fonte, depois de o parceiro tomar três cervejas na sequência. E a coprofagia é a mesma coisa, só que envolve FEZES. E aí não temos muito mais o que falar sobre o assunto. Nossa vovó de 86 anos sempre nos disse, sabiamente: "Uns gostam dos olhos, outros da remela". Se o maridão chega em casa, chama a esposinha no canto, eles dão uma bimbada e finalizam com uma cagadinha lúdica, o problema é de quem, dona Maria?! Então, que sejam felizes!

NA CAMA, FÊMEA É FÊMEA, MACHO É MACHO... E NEURÓTICA É NEURÓTICA!

Imagine a cena: vocês saem de um jantar que foi pontuado por taças de vinho e insinuações à meia-luz, entram no táxi e começa a agarração. Mão em cima, mão embaixo, língua, pescoço, boca, dentes, tudo. O táxi para e vocês sobem pelo elevador nessa mesma pegada, para a alegria do entediado porteiro da noite que acompanha tudo pelas câmeras de segurança. Aí você abre a porta de casa, taca a bolsa prum lado, a blusa pro outro, ele arranca a camisa, vocês se jogam no sofá e... **Ele fica os 40 minutos seguintes em cima de você no papai-mamãe mais respeitoso e demorado da sua vida,** passando a mão devagar pelos seus looongos cabelos e perguntando se tá bom pra você. Se isso fosse filme, na boa, eu já teria dormido com a TV ligada.

Sexo pra ser bom não pode ter tanto respeito, muito menos compostura. Precisa é ser mal-educado, mal comportado e até mal falado pelas invejosas de plantão, que não têm coragem de passar pela experiência de uma verdadeira trepada, com o perdão da palavra. Não sei o que aconteceu com as mulheres depois de tanta revolução. A gente lutou, queimou sutiã, levantou bandeira e fez passeata para ter igualdade e liberdade, mas aí a gente não se dá a liberdade de ter taras entre quatro paredes?! Sim, porque não importa se você é professora catedrática de uma universidade renomada, CEO de multinacional ou rainha do seu lar – na hora do "vamos ver", você não precisa manter a pose. Muito pelo contrário, minha amiga: na cama é que você tem a liberdade de viver suas fantasias, de viver aquilo que você não vive no seu cotidiano, de deixar que o tesão dite as regras, e não a sociedade, os bons costumes, sua mãe e, principalmente, sua razão.

A razão da gente prega peças. Tem muita mulher aí que é louca pra ter a cara encostada na parede a ponto de mal conseguir respirar, mas não o faz nem por decreto, sabe por quê? Porque ELA MESMA não se permite. Afinal, ela estudou anos para ser a melhor profissional, varou noites no escritório para ganhar a promoção, suou tanto para ter sua independência financeira e até fez filho no banco de esperma para não depender de homem pra nada! Como justamente ELA vai achar bom ficar nessa posição de submissa na hora do sexo?! E daí ela não fica. Chama pra sair aquele carinha do trabalho que tem jeitim-de-credo, os dois tomam meia garrafa de uísque pra encarar a chatice da vida e fazem aquele sexo lââââanguido, aquela pasmaceeeeira, até que um decide GOZAR pra acabar logo com isso (e, provavelmente, pensa justamente na cara encostada na parede e no rabo de cavalo puxado pra conseguir chegar lá).

Ser mulher não é fácil e nunca foi. Tem que ser (e parecer) forte o tempo todo, no trabalho e em casa. Então não é justo a gente não se permitir ser o sexo frágil que adora uma pegada mais forte nem na cama. Ah, façam-nos o favor as feministas de plantão! No dia em que a mulher não tiver a liberdade de dar como ela bem entende e de gostar que o homem mostre que é macho pelo menos na hora de furunfar, a humanidade acaba. Então tratemos de alongar bem as costas e de deixar os moralismos do lado de fora do quarto de dormir.

"ESSE É O RAFAEL. SOU AMIGONA DO PAU DELE."

Uma das discussões mais comuns nas rodas de mulheres hoje em dia, em diferentes lugares e horários - academia, trabalho, faculdade, mesinha de bar, cabeleireiro, fila de banco e por aí vai –, é sobre a legitimidade do pau amigo. Pra quem não sabe, o Pau Amigo (também conhecido pela sigla "PA") é aquele com quem a mulher se diverte sem fins casamentícios ou namoradícios. É a famosa "marmita" - aquele cara que você deixa em banho-maria e pra quem liga só quando está a fim de furunfar. E o cara tem a mesma intenção com você: dar uma lubrificada no arsenal. Vocês se dão bem na cama, a diversão é boa, mas a história acaba por aí.

E por que isso é tema recorrente de debates entre mulheres? Porque muitas delas morrem de vontade de ter um PA, mas não sabem se serão capazes de viver um relacionamento puramente sexual, sem se envolver emocionalmente com o dono do pau; outras até conseguem, mas não suportam a ideia de dividir o PA com terceiras (coisa que fatalmente acontece, já que vocês não têm compromisso nenhum um com o outro).

Para ajudar a racionalizar e entender a natureza desse tipo de "amizade" – a que você tem mais com o pinto do cara do que com ele próprio –, a gente criou um manual básico de uso. E é de extrema importância você enfiar na sua cabeça de uma vez por todas que se você tem um PA e não tem crise nenhuma com isso, a opinião dos outros não importa. Porque sempre vai ter aquela amiga mal comida que vai querer te convencer de que você está sendo usada. Até sua mãe pode vir com uma história de que isso é coisa de mulher safada. Mas quem tem que saber se o estímulo está sendo proveitoso ou não é VOCÊ. O resto você pode abstrair. Se for mais prático, simplesmente mantenha seu PA em segredo, afinal uma boa trepada é a única razão de ser desse tipo de relacionamento. Você não tem que apresentar o PA pra família ou colocá-lo na lista de pessoas próximas que devem ser avisadas caso você seja atropelada por uma bicicleta no parque. Numa relação livre de amarras sociais em que um não cobra o outro, poupe-se da cobrança de quem não tem nada a ver com isso.

MANUAL FATOR ALFA DO PAU AMIGO

Importante: leia as instruções antes de manusear o produto!

1) Peças inclusas

Esse produto precisa de apenas duas peças para funcionar: o pau e a amiga do pau. Ou seja, de um lado, um cavalheiro disposto a ceder o maquinário; do outro, uma moça a fim de tirar proveito disso.

2) Regras de utilização

É fundamental que ambas as partes entendam que uma relação de PA não tem nada a ver com amor, posse, fidelidade e outros elementos do tipo. Quando e se a coisa começar a pender pra esse lado, está instantaneamente descaracterizado o PA. A relação vira namoro, casamento, relacionamento aberto ou C.U.P.S.L. (CADA UM PRO SEU LADO!), mas deixa de ser PA! Entenda: o que diferencia o PA é justamente essa intenção categórica de dar e receber sem sentir falta de outro tipo de envolvimento na relação. O único compromisso aqui é GOZAR. Não estamos dizendo que isso é melhor ou pior do que os outros tipos de relacionamento, mas sim explicando o que faz um PA ser um PA. Vamos desmembrar essa parte para facilitar nossa explanação (se quiser, imagine esse manual em PowerPoint sendo projetado no telão pelo seu chefe!).

2.1) Dos acessórios: conversas sinceras, silêncios confortáveis e programações lúdicas e/ou intelectuais como cinema, exposições, jantares à luz de velas e passeios de bicicleta no parque PODEM, SIM, fazer parte da relação de PA; seu pau amigo pode muito bem ser um grande confidente e uma pessoa com quem você tem prazer de realizar todo tipo de atividade que não seja pura e simplesmente o sexo. Mas lembre que, numa relação como essa, todos esses elementos são ACESSÓRIOS do produto (e se seu PA não vem com nada disso, você gosta mesmo é de dar uma com ele e sair andando, tchau-te-ligo-semana-que-vem-pra-mais-uma, não tem problema. Seu produto não veio com defeito, ele só é mais direto e reto).

2.2) Das condições ideais de uso: o PA pode ser utilizado em qualquer clima e/ou horário, mas não é apropriado para algumas ocasiões, como aquele jantar anual da empresa ou a festinha de aniversário de 3 anos da sua sobrinha. Veja bem, não que você não possa levar seu pau amigo pra passear nesse tipo de evento, mas isso vai gerar olhares e perguntas que talvez vocês não queiram trazer para a cama. O bom do PA é justamente a falta de satisfação que vocês têm que dar um pro outro, então imagine que saco começar a dar satisfação **pros outros** sobre isso!!! De novo, não estamos dizendo que é proibido - mas SIM, esse tipo de prática pode, ocasionalmente, danificar o produto (e de forma permanente, já que PA nenhum é obrigado a aguentar um interrogatório da sua mãe!).

3) Prazo de validade do produto

Essa parte é ESSENCIAL: nunca esqueça que o pau amigo não tem compromisso nenhum com você e pode, sim, querer pular fora do barco a qualquer momento. Ele tem esse direito tanto quanto você e nesse tipo de relação ninguém precisa dar muita satisfação pra ninguém. Então, procure se blindar e blindar seu pau amigo para que nenhum dos dois caia numa depressão pós-pinto quando alguém começar a namorar sério outra pessoa, mudar de país por causa do trabalho ou simplesmente perder a vontade de transar com o parceiro da vez. Sim, gracinha, a relação de PA tem prazo de validade e ele pode expirar a qualquer momento, então aproveite e goze enquanto é tempo, pra não ficar depois chorando as pitangas. Mas, acima de tudo, não deixe de usar o produto sempre que tiver vontade. Não há nada mais frustrante do que você mesma ficar se podando (e desperdiçando um PA novinho em folha, que poderia ser seu, mas que você deixou dentro da embalagem por mero pudor). O PA é um produto para as despudoradas, que gostam de sexo e assumem – não só pro mundo, mas pra elas mesmas.

Agora é só abrir e se divertir! (pilhas não inclusas)

TODO MUNDO GOZA, MENOS EU!

Até muito pouco tempo atrás, contar vantagem em cima das próprias peripécias sexuais era coisa de homem. Mas agora que a mulherada soltou a franga, o hábito da lorota sexual deixou de ser exclusividade do sexo masculino – e como mulher gosta MUITO de falar, dá pra ter uma ideia do quanto está rolando de mentira por aí. Agora todas sobem pelas paredes, dão mais que chuchu na cerca, têm orgasmos múltiplos, gozam fazendo sexo anal, são tão insaciáveis que botam qualquer campeão de maratona na lona (enquanto elas estão lá, firmes e fortes, prontas pra outra). Não importa se são casadas há vinte anos ou se nunca foram vistas nem com sombra de um macho por perto: elas afirmam categoricamente que são incansáveis deusas da libido, sentem prazer até debaixo de pneu de bicicleta e tédio sexual é uma expressão que simplesmente não existe no dicionário delas.

Aí você até acena com a cabeça, concordando com tudo que elas falam e fingindo que tem surfado na mesma onda orgásmica da qual todas fazem questão de dizer que fazem parte, enquanto uma única frase, redonda e interrogativa, passa pela sua cabeça to-do-san-to-dia: **"Será que eu sou a única pessoa no mundo que não tá gozando desse jeito?!!"**. E a resposta é **NÃO, não é**. Aliás, talvez você seja a única mulher do mundo (ou, melhor dizendo, do seu círculo de amigas) que esteja gozando de verdade. Essa coisa do orgasmo feminino já era uma espécie de mito entre os homens. Até aí ok, já que, de fato, fazer uma mulher gozar requer mais sutilezas e artimanhas do que fazer um macho gozar. O grande problema é que, com a dita revolução sexual feminina, as próprias mulheres começaram a encarar o orgasmo não só como um direito humano, mas como uma condição *sine qua non* pra poder carregar o título de **mulher moderna**. E assim o orgasmo feminino se torna um mito também para as mulheres – que começaram a mentir deslavadamente umas para as outras sobre quantidade e intensidade, só para não passarem por "frígidas" ou, bate-na-boca!, "an-ti-qua-das".

Mas não, a mulher não está gozando tanto assim. Nem você, nem suas amigas. E isso acontece porque a revolução sexual das últimas décadas trouxe muita coisa boa da boca pra fora, mas pouca gente interiorizou as conquistas.

QUEM TEM MEDO DA SIRIRICA?

Quer um exemplo prático? Aquelas que eram mocinhas nos anos 60 sofriam todo tipo de repressão por parte da família quando o assunto era sexualidade. Se os pais surpreendiam as crianças – especialmente as meninas – em atitudes que tivessem a ver com descobertas sexuais, aquilo virava um escândalo digno de 40 dias na solitária. O priminho de 8 anos e a priminha de 7 se esconderam no fundo do quintal e combinaram de abaixar as calças no 3 pra provar um pro outro que garotos têm pipi e meninas têm xoxota: "Então vamos lá! É 1, é 2 e é... 3!". Pois eis que, naquele exato momento, os pais da menina, que estavam atrás dela porque repararam no sumiço duplo, flagraram a especulação infantil no ato e ficaram aterrorizados. O menino foi enxotado aos gritos e a menina foi carregada pelo braço e trancada no banheiro. "O que vamos fazer com você?!", disseram os adultos, desesperados com a depravação da pequena devassa. Aqueles pais não sabiam que toda e qualquer curiosidade sobre o que existe embaixo das calças do sexo oposto faz parte de ser criança, de se entender através da descoberta do outro – e, principalmente, da descoberta de que o outro é diferente.

A menina cresceu com culpa, ouvindo sempre a mãe dizer que tudo aquilo era errado, assim como ela ficar se tocando à noite no quarto, brincando com o chuveirinho no banheiro, demorando no banho enquanto esfregava o sabonete mais longamente entre as pernas. Foi ensinada a pensar que aquilo que ela tinha entre as pernas não era pra ELA, mas sim pro futuro MARIDO dela, por quem ela sentiria amor e com quem se casaria pra ter vários filhinhos.

Os anos se passaram e é claro que a menina, apesar dos apelos de terror da mãe, que dizia que garotinhas que se masturbam ficam com os dedos amarelos (assim como os garotos que batem punheta ficam com a mão peluda), ela sempre se masturbou em segredo. Morria de medo e de culpa, mas fazia, porque é mais fácil levar cintada do que contrariar o tesão. E se apaixonou, casou e descobriu que o sexo pode ser muito mais gostoso do que aquilo que a mãe dela tinha ensinado.

Até o dia em que ela entrou no quarto sem bater e se viu frente a frente com uma cena familiar, que ela pensava ter escorraçado das memórias de seu passado sombrio: a própria filha em cima da cama, num sobressalto, tirando a mão da calcinha. A mocinha dos anos 60 fica vermelha, laranja, verde, ROXA de vergonha, fecha a porta do quarto, dá tanta volta na sala que quase fura o tapete e decide que é melhor simplesmente não tocar nesse assunto constrangedor para as duas. Ela sabe que não pode reprimir a filha como os pais fizeram com ela anos atrás – mas também não tem coragem de falar para a filha que aquilo é normal, já que ela mesma cresceu com a ideia de que masturbação é coisa de mocinha tarada.

Ela acha que não, mas nesse exato minuto – o minuto em que ela decide não tocar no assunto –, a filha dela está lá, dentro do quarto, apavorada, com a certeza inabalável de que é a criatura mais promíscua e pecadora do mundo. Fica o dito pelo não dito – e, nesse caso, o não dito pode virar um monstro de sete cabeças. E aí sobram dois caminhos: um é a filhota crescer com o mesmo sentimento de culpa que a mãe, num ciclo vicioso que vem se perpetuando há séculos; o outro é ela se revoltar com a falta total de informação e comunicação da mãe, à medida que descobre que se masturbar é mais natural do que coçar a cabeça. E a mãe dos anos 60, que tinha certeza de carregar a bandeira da liberdade sexual, descobre que não passa de uma falastrona que não sabe droga nenhuma de sexualidade – nem da filha, nem da dela mesma.

QUEM CONTA UM CONTO AUMENTA UM PONTO

Desconfie das mulheres que se gabam da vida sexual hiperativa nas mesas de bar. Primeiro porque quem está gozando tudo isso não costuma ficar falando, de tão relaxada que está. A mulherada está precisando falar menos e fazer mais. Fazer mais sexo de qualidade, com quem e como quiser, mas focando mais em qualidade. Chega dessa história de virar macho mal acabado até na cama. A criatura sai por aí decorando até posição do *Kama Sutra* pra receber título de formiga atômica do sexo, mas não se preocupa com o básico, que é saber chegar sozinha a um orgasmo. Numa sociedade em que a gente procura muito mais o "FORA" do que o "DENTRO" (e por isso falamos tanto de nós mesmos, mostramos nossas vidas perfeitas no Facebook, usamos sutiã levanta-junta-aumenta-e-vamolá, aumentamos sempre 5 centímetros quando relatamos o tamanho do pau e pelo menos um zero quando confidenciamos nosso salário pros melhores amigos), está todo mundo mais preocupado em mostrar que está trepando do que em aprender a gozar.

O que você vai fazer hoje, cara leitora? E você, caro leitor? Podemos dar uma sugestão? Deite na cama, de bruços ou de barriga pra cima – cada um com sua posição predileta – e bata uma bela siririca (para as damas) ou uma senhora punheta (para os cavalheiros). Saber se dar prazer é FUNDAMENTAL pra saber dar prazer aos outros – e pra gozar de verdade, com qualidade, independente de postar ou não no Facebook.

BATE-PAPO FATOR ALFA

"O que não pode faltar
é um bom boquete"

Sexóloga e ex-garota de programa, Vanessa de Oliveira revela o que homens e mulheres mais querem na cama e o que fazer pra mandar bem na furunfada

Nos corredores da TV, em que, volta e meia, uma cacetada de mulheres exuberantes passeiam de lá pra cá em cima de seus saltos, Vanessa de Oliveira sempre sobressai. Cabelão ruivo, pele branquíssima, batom vermelho e decote profundo, a sexóloga desfila um estilo *pin-up* que é capaz de atrair o olhar dos conquistadores mais tarimbados. Mas a graça da moça acontece mesmo quando ela abre a boca e destila seus conhecimentos de ex-garota de programa.

Autora de diversos livros sobre sexo e relacionamento, Vanessa sempre compra briga com a gente – e a gente com ela – quando o assunto é homens x mulheres. Mas na hora de falar de sexo, não tem pra ninguém. A garota sabe o que diz e não tem papas na língua. Então, ninguém melhor pra dar essa entrevista pão-pão, queijo-queijo no nosso capítulo sobre SEXO. E fizemos questão de sublinhar e colocar em maiúsculas algumas das pérolas reveladas por Vanessa que podem soar como MARRETADAS na cabeça de quem está precisando acordar.

Bianca – *Vanessa, você que já foi garota de programa sabe que os homens costumam dar uma desabafada com a puta. Falam das coisas que sentem falta de fazer na cama com as namoradas, esposas etc. Do que eles mais reclamam?*

Vanessa - Primeiro é importante ressaltar POR QUE eles desabafam com a garota de programa e não com a esposa. Porque ele formou uma imagem pra esposa e quer se mostrar forte pra ela; ou às vezes ela é muito moralista e ele não tem essa abertura, então acaba se moldando àquilo que acha que ela gostaria que ele fosse. Já quando ele sai com a garota de programa, não tem nenhum compromisso de representar um papel porque ele não depende da aprovação dela. Ele já foi aprovado porque ele pagou. E se ele pagou, pode ser exatamente quem ele é, seja como for.

Bianca - *Ok, mas botando o pau na mesa...*
Vanessa - Principal reclamação dos homens sobre suas mulheres: FALTA DE SEXO EM CASA ou O SEXO MUDOU DEPOIS QUE ELES CASARAM. Porque quando a mulher tem a aliança no dedo, é como se ela tivesse uma comprovação de que ela já executou seu papel e já chegou aonde queria. Tipo "o troféu é meu, a cabeça dele agora é minha, agora sou eu que mando, eu estou segura". Isso é um grande erro porque é nesse exato momento que a coisa começa a ficar a perigo - perigo de ele arranjar outra. Enquanto ela ainda não botou a aliança no dedo e o casal está tendo aventuras sexuais é que o homem ainda está ligado nela. Então não é a aliança que comprova a conexão do casal.

Bianca - *Então a reclamação do homem comprometido que come puta não é que falta alguma coisa específica no sexo com a mulher dele, mas que falta sexo de um modo geral?*
Vanessa - Outra coisa: a mulher, depois de um tempo, deixa de demonstrar a admiração que tem pelo

marido e pra ele isso faz falta. O homem é formado de ego e testosterona, ele precisa se sentir adorado e com algum tipo de poder sobre essa mulher pra se sentir vivo, senão ele não tem tesão no relacionamento. Você quer estar onde é visto como algo bom, onde você tenha o seu valor. E a mulher muitas vezes já não elogia mais, não procura o cara no sexo... PRO HOMEM É MUITO TESÃO QUANDO A MULHER VAI ATÉ ELE, QUANDO NÃO FICA ESPERANDO PELA INICIATIVA. PORQUE QUANDO ELA ESPERA A INICIATIVA, PRA ELE É COMO SE FOSSE UM CUMPRIMENTO DO PAPEL DELA. Agora, quando o cara tá saindo pra trabalhar, ela cata ele pelos cabelos, joga na cama e faz sexo com ele, ele pensa: "Nossa, essa mulher me deseja!". E aí o tesão dele vai lá pra cima, a vontade de voltar pra casa é maior.

Bianca – *Agora com relação às práticas sexuais, tem muita mulher que não gosta de fazer sexo anal, que não engole porra e coisas do tipo. E tem coisa que a garota de programa não faz também, mas, dessas fantasias, existem algumas de que eles reclamam mais pontualmente porque a mulher deles nunca faz?*

Vanessa – Bom, o homem vai ficar OBCECADO pelo sexo anal quando a mulher disser que não vai fazer de jeito nenhum. Aí ele vai querer por tudo quanto é sagrado. Às vezes nem era uma vontade tão desesperadora, mas se tornou um objetivo que ele tem que conquistar: "Eu vou fazer essa mulher mudar de ideia". Mas as pessoas pensam que o sexo anal é fundamental e não é. O fundamental é o sexo oral. O ANAL, PARA O HOMEM, É UM COMPLEMENTO. O QUE NÃO PODE FALTAR É UM BOM BOQUETE.

Bianca - *O bom boquete é matador?*

Vanessa - Mata! Eu conheço homem que diz que sexo anal não é a praia deles, mas desconheço homem que diga que não curte sexo oral.

Bianca - *Então, pra uma mulher ser boa de cama, quais são as três técnicas que ela precisa dominar?*

Vanessa - O sexo oral, o sexo anal e ela ir por cima. A questão dos relacionamentos é que é um jogo. Às vezes vocês discordam porque eu falo que é um jogo, dou estratégia e dou regra, mas funciona assim: é uma brincadeira de poder. Porque quando a gente se relaciona sexualmente com alguém e faz essa entrega, significa que a gente voltou ao nosso instinto animal. Quando estamos fazendo sexo com o outro, estamos entregues para o pântano, seguindo os nossos instintos. E inevitavelmente existe alguém que vai ser dominado e alguém que vai ser o dominador. Qualquer pessoa que pergunte qual é a posição preferida da outra está querendo ser dominada, inclusive os homens. Porque eles também gostam disso. Então é claro que você vai fazer a entrega, seguir os seus instintos, mas se você ainda não chegou ao ponto de perder todos os seus sentidos, começa por uma filosofia assim: você é uma mulher poderosa, um alto cume a ser conquistado e uma mulher dominadora que, em determinado ponto do ato sexual, vai permitir que o homem te domine. Porque aí vai chegar o grande barato pra ele, o grande tesão de "uau, eu conquistei!". Porque o homem, muitas vezes, na verdade está fazendo sexo com ele mesmo, com o ego dele.

Bianca - *E a questão do anal é a cereja do bolo?*

Vanessa - Sim, porque mesmo que o cara não curta,

ele vai pensar: "Nossa, minha mulher faz tu-do, que demais! Eu tô com uma mulher que faz tudooo!!!". Ele não vai te comer de todos os jeitos. Quantas vezes eu não prometi mundos e fundos, que ia fazer coisas que eu nunca fiz nem nunca vou fazer? Mas sabe qual é o segredo? É você manter a esperança no outro de que sempre será mais, sempre será melhor e que um dia você vai fazer "aquilo", uma barreira que vocês vão ultrapassar juntos, mesmo que você não faça droga nenhuma! Eu comecei com um carinha agora que já está se imaginando até na chuva dourada, entendeu? Não vou nem a pau, mas ele acha que nós vamos surtar! E eu vou ficando com ele, entendeu? Porque quando a pessoa se apaixona por você, se apaixona fortemente pela primeira imagem. Então faz parte você se encher de purpurina no começo do relacionamento, mesmo que isso não seja 100% você. MAS DE VEZ EM QUANDO, MAIS PRA FRENTE NO RELACIONAMENTO, SEJA AQUELA MULHER POR QUEM ELE SE APAIXONOU, AQUELA PRIMEIRA IMAGEM.

Bianca – *Por falar nisso, o casal que está mais brochado, já está junto há mais tempo e está com uma preguiça generalizada de sexo, existe algum segredinho infalível na cama pra deixar o outro em ponto de bala? Aí estou falando tanto do homem como da mulher, que muitas vezes a mulherada fica cansada, de saco cheio, de bode e não quer saber de sexo, e também há os caras que viram umas gelecas deitadas na cama, a fim de nada com ninguém.*

Vanessa – Primeiro eles têm que resgatar a ideia de quando o sexo era "o must"; o que eles faziam? Iam ao cinema, transavam dentro do cinema, dentro do carro? Eles não tinham frescura, iam pra praia de qualquer jeito, trepavam, faziam aventuras, viajavam juntos, passavam a noite acordados...? Eles têm que voltar para aquilo. Porque quando nós nos sentimos juvenis, nos enchemos de vida. A GENTE QUER ESTAR NO RELACIONAMENTO EM QUE A GENTE SE SINTA VIVO. A mulher que está com preguiça e achando que não gosta mais de sexo pode começar a ver o sexo como uma forma de poder, de conseguir daquele homem tudo que ela quer. Ela pode não gostar mais de sexo, mas vai gostar de ter poder sobre ele e da excitação que ela causa nele. AUTOMATICAMENTE ELA FICA EXCITADA POR ELA MESMA, USANDO O HOMEM COMO TABELA. É muito louco isso. Agora, pra deixar o cara louco na hora H, minha dica é fazer curso de sexo, curso de pompoarismo. É perfeito. Para o homem que transa com uma mulher que fez pompoarismo, não adianta: as outras mulheres são só as outras. Ele pode até dar uma escapada e experimentar outras, mas vai dizer que não existe vagina melhor do que aquela.

Bianca - *E a situação inversa, Vanessa?*

Vanessa - Uma coisa é fundamental: o homem resgatar sempre o romantismo como fator de excitação. Porque NÃO ADIANTA O CARA SER GROSSO DURANTE O DIA E À NOITE QUERER SEXO, QUE A COISA NÃO VAI. Porque o homem pode estar com raiva, muito bravo, uma das formas de fazer as pazes com ele é fazer sexo. Ele pode estar louco de raiva com coisas que aconteceram durante o dia, mas à noite vai querer transar. A mulher não funciona desse jeito. Ela tem que ser adulada durante o dia pra ter vontade de transar à noite. Outra coisa: HOMEM TEM QUE SABER FAZER SEXO ORAL porque é muito difícil uma mulher não gostar. Às vezes o cara é muito rapidinho, mas resolve tudo com sexo oral. Só que tem que saber fazer, porque tem cara que faz tão mal que a mulher até passa a dizer que não gosta só pra ele parar de tentar.

Bianca – *E também existem cursos para os homens aprenderem técnicas de sexo oral?*

Vanessa – Tem um curso chamado massagem tântrica que ensina os homens a acariciarem a vagina da mulher. É irado. E esse curso é feito aos pares, então os alunos homens fazem nas mulheres e vice-versa, então o casal pode ir junto, fazer o curso e aprender a fazer um no outro! E o louco é que fica um monte de gente gozando junto!

Bianca – *Van, falando nesse lance de dar novos passos para apimentar a relação quando a coisa está meio xoxa ou quando o casal quer descobrir coisas novas, como garota de programa, você já atendeu casais?*

Vanessa – Já e acho superbacana, assim como *ménage* e suingue, mas tudo tem o seu tempo. Por exemplo, o casal acabou de se conhecer e vai pra uma suruba: não dá, não funciona, porque para o casal atingir uma qualidade sexual, um tem que estar conectado ao outro. A sua energia não pode estar dissipada. Vocês têm muitas coisas pra fazer primeiro juntos. *Ménage*, suingue e essas aventuras sexuais são um estilo de vida pra quem já tem confiança, já se conhece e está procurando um outro grau de excitação. Então eu não recomendo fazer isso pra quem está só há 1, 2, 6 meses juntos.

Bianca – *E pra quem já está nessa fase de experimentação, o que você acha mais recomendável?*

Ir para uma casa de suingue ou chamar uma garota de programa, que é um negócio mais "certo"?

Vanessa – Primeiro vá a uma casa de suingue sem fazer nada, vá olhar. Olhar pra ver como vocês se sentem com o fato de ter outras pessoas em volta. De repente, os dois juntos se trancam numa cabine e vão transar porque se excitaram só de ver. Casa de suingue é uma coisa muito excitante porque é um monte de mão em cima de você, um monte de cheiro, um monte de língua, e só de observar já dá tesão. Não tem como. E também pode ser que um *ménage* já aconteça na primeira vez. O casal foi só pra conversar, mas conhece uma pessoa e eles vão pra uma cabine só os três. O que não dá pra fazer é marcar o primeiro encontro direto, sem conhecer a terceira parte. Como em sites de relacionamento: se vocês conhecem alguém lá, primeiro vão ter que conversar com a pessoa, sair pra jantar com essa terceira pessoa antes de ir pra cama, pra vocês sentirem como ela é e se vai dar tesão na hora. Porque SE É SUA PRIMEIRA VEZ E VOCÊ NÃO TIVER QUÍMICA COM A PESSOA, VAI ACABAR ACHANDO QUE O MÉNAGE É UMA BOSTA. Já se o casal quer contratar uma garota de programa, faz o seguinte: quanto ela cobra a hora? Paga o valor pra ela ir jantar com vocês na primeira vez (a hora é mais cara pra casal do que pra uma pessoa só, importante lembrar!). Paga! Para conhecerem bem e saber se a esposa e o marido vão estar à vontade na situação. E aí, num segundo momento, que pode ser outro dia ou depois do jantar, num motel, o casal vai até o fim com ela. E nas próximas vezes é mais tranquilo; mesmo que o casal não goste tanto da experiência com uma ou outra pessoa, sabe que já teve vezes muito boas, então faz o que der pra fazer com a "novidade" e pronto, entendeu?

Bianca – *E com a garota de programa, existe algum cuidado especial com o homem ou com a mulher ou ela lida igual com os dois? Como você fazia isso?*

Vanessa – Bom, a garota de programa tem uma preocupação especial com a saúde porque a rotatividade é alta. Ela atende na semana cinco, seis casais. E tem a questão do sexo oral na mulher. Não é que ela vai olhar pra mulher e pensar "ah, é limpinha, vambora!". Com o homem é só botar o preservativo, mas com a mulher é mais difícil. Então geralmente a profissional de sexo leva masturbador, vibrador, leva um gel, faz estimulação com a mão. Aliás, uma dica: se é a primeira vez, vá a um motel e escolha um quarto com hidromassagem, porque aí a assepsia é melhor, lava até por dentro.

Bianca – *A gente falou de muitas coisas para excitar, envolvendo só o casal ou outra pessoa. Agora eu quero saber se tem alguma coisa que a mulher tem costume de fazer na cama que deixa o cara brocha – pra mulher é uma lenda achar que eles curtem e na verdade eles não curtem coisa nenhuma.*

Vanessa – O que não dá pra fazer é conversar alguma coisa durante o ato sexual. Outra coisa é GEMER DE MANEIRA FALSA! O CARA FICA IRRITADO! Se você vai gemer, minha filha, treine muito antes pra sair no mesmo padrão. E outro erro que as mulheres cometem muito é que quando elas fingem o orgasmo, não fingem parecido com os que elas realmente têm. Aí é terrível. Agora, as coisas que os homens fazem e que a mulher detesta: O HOMEM NÃO PODE CUSPIR NA VAGINA DA MULHER. Porque quando a gente cospe no pênis para fazer o sexo oral e lubrificar, é gostoso pra eles. É diferente com a mulher, pra ela isso é muito agressivo! O homem pode, em vez disso, aproveitar a própria lubrificação da mulher ou usar o gel.

Bianca – *Van, então, pra completar: sexo só é bom se...*

Vanessa – Se houver muito tesão. Tesão, porque não precisa ter relacionamento, não precisa amar a pessoa, pode ser alguém desconhecido, mas a bendita da química e do tesão da hora tem que ter. NÃO DÁ PRA FAZER SEXO GOSTOSO BASEADO NO AMOR FRATERNAL. TEM QUE TER TESÃO.

Bianca – *E para aqueles casais que perderam o "timing" do tesão, existem possibilidades pra resgatá-lo, como as que citamos aqui, ou perda de tesão é o fim do sexo?*

Vanessa – Às vezes reativar o tesão não é reativar na posição sexual, mas sim reativar no prazer de viver. Porque às vezes o sexo está uma bosta porque a sua vida em volta está muito ruim. Você está desestimulado pelo seu emprego, não encontra um hobby legal, seus amigos já não são mais divertidos, você briga com a família... Então, na verdade, o sexo poderia estar maravilhoso se todo o resto também estivesse. As pessoas têm sempre que ter projetos de vida e um lugar a que querem chegar. Têm que fazer uma atividade extra porque isso enriquece a vida e deixa um brilho no olhar. A OUTRA PESSOA PRECISA TE ADMIRAR. A gente tem tesão por quem a gente admira – e quem admira um cara acomodado? Que homem admira uma mulher que não faz nada o dia inteiro, não tem objetivo, não tem um plano de vida? Quem vai querer comer? Ele pode ficar casado porque ela é mãe dos filhos dele e faz uma boa comida, mas a mente dele vai enlouquecer por outra mulher, não por aquela. Então é aquela diferença: você quer aliança no dedo ou quer o coração do cara? E o pau e o dinheiro dele, claro. O que você quer?

5

GRANA

QUEM PAGA A CONTA?

Achou que, por se tratar de um livro sobre amor, sexo e relacionamento, o Fator Alfa não teria o mau gosto de falar de dinheiro? Pois é aí que você se engana redondamente. Dinheiro (ou a falta dele), hoje, é uma questão a ser discutida e pensada **desde o primeiro encontro**. Não estamos falando que a pessoa ter ou não dinheiro vai definir se vocês furunfam ou não (isso vai dos critérios de cada um – tem gente que acha importante, assim como tem gente que acha fundamental a criatura ser corintiana, então cada um que estabeleça suas prioridades!). Quando tocamos no assunto de grana aqui, é pensando em situações mais sutis – e na forma como as pessoas abordam o tema, como agem/reagem e quanto isso afeta as primeiras impressões e o relacionamento pós-primeiro-coito.

Dizia a loira boazuda Marilyn Monroe em *Os Homens Preferem as Loiras*, um de seus filmes mais estonteantes: "Diamonds are a girl's best friend". Traduzindo, "diamantes são os melhores amigos de uma garota". Só que da época em que o filme foi feito (1953) pra cá, muita coisa mudou – do preço dos diamantes, que ficou ainda mais salgado, às mulheres. Hoje a mulherada tem outra postura quando o assunto é grana. Isso, claro, é consequência da famigerada emancipação feminina: a mulher contemporânea trabalha e, muitas vezes, ganha tanto quanto ou MAIS do que o homem. Então é lógico que rola uma mudança de comportamento – ou pelo menos deveria rolar. A gente diz isso porque, apesar de ter a carteira recheada de verdinhas, muita mulher ainda hoje faz questão de ter suas contas pagas pelo cara. Não as contas de casa e a fatura do cartão de crédito – afinal, ela é uma mulher independente e moderna –, mas na hora de pedir a "dolorosa" no restaurante ou no motel, muitas chutam a independência e a modernidade pra debaixo da mesa e dizem que é questão de "cavalheirismo" o homem arcar com os gastos.

Para colocar um ponto final nessa polêmica típica do nosso tempinho, pensamos aqui em algumas situações de primeiro encontro (e os que se seguem a ele, enquanto a gente está só "se conhecendo") e em QUEM deve pagar a conta em cada uma delas. Claro que você pode encontrar pelo caminho alguns seres das cavernas – mulheres e homens – que não se transformaram e só vão gozar se for à moda antiga. Mas, de resto, a gente acha que dá pra salvar o dia e a noite sem grandes turbulências levando em consideração os fatores seguintes.

Quando os dois têm pouca grana: se duas pessoas se apaixonam e estão a fim de viver seus primeiros encontros, mas não têm muita coisa no bolso, é óbvio que os dois têm que juntar as moedinhas e forças pra não deixar de viver seus momentos de prazer. E hoje as pessoas parecem não ter preconceito nenhum com isso, quando se encontram nessa situação. Marcam cinema e cervejinha, racham tudo e se divertem, se curtem. A única limitação é o número de cervejas, para os dois não terem que ficar lavando os pratos do bar depois.

Quando um tem pouca grana e o outro está confortável: nesse caso, é claro que quem não está com a grana contada tem que pagar a conta, NÃO IMPORTA SE É O HOMEM OU A MULHER. Por exemplo, se o cara saiu de um emprego e ainda não arrumou outro e a mulher está bem, sem passar aperto, ela é que tem que abrir a bolsinha Louis Vuitton e pagar o passeio. Pronto, sem drama. A ideia principal não é o encontro a dois? Se está sobrando, por que não? Eles não fizeram – e continuam fazendo – isso sempre que podiam? Então já deu essa história de o homem ter que pagar a conta, mesmo que ele não tenha onde cair morto. Se a mulher está a fim DAQUELE HOMEM, divirta-se, conheça, veja no que vai dar – e pague a conta pra permitir que isso role sem constrangimentos (e claro que existe um jeitinho de fazer isso sem ferir egos – falamos disso nos tópicos 4 e 5, mais adiante!).

Quando os dois estão bem de vida: vamos combinar que aí é festa, né? Se os dois estão com dinheiro sobrando (ou seja, pagam as próprias contas e sobra bastante pra viver a vida), a situação é a mesma do caso 1, em que os dois pés-rapados racham a conta, só que aqui eles podem se permitir fazer muito mais coisas – e com o nível de luxinhos que quiserem. E aí é só fazer a matemática básica para entender que se os dois unirem forças, os momentos de prazer a dois vão ser ilimitados (porque se, apesar de ter dinheiro, ela deixar tudo por conta dele, uma hora ou outra o cartão do bofe vai estourar).

Cinderelas pós-modernas: vocês são muito bem resolvidos, sempre racham as contas e não têm crise nenhuma com isso. Mas se um dia o cara te CONVIDA e diz que essa é por conta dele, não precisa também querer queimar o sutiã, né? Uma coisa é ser machista e antiquado, outra coisa é ser elegante de vez em quando – e cai bem (ao contrário de peito sem sutiã, depois de um tempo). Então a mulher que está do outro lado da balança e gosta de ser realmente independente e moderna em tudo precisa também saber identificar quando o convite pede que a Cinderela dentro dela desperte por uma noite e aceite que o macho abra as portas, puxe a cadeira, peça pratos trufados e um bom espumante e não a deixe nem SABER quanto custou a noitada.

Machões congelados no tempo: se a moça faz questão de fazer o convite e bancar o programa por conta própria – ou se o cara está numa situação financeira complicada, mas é daquele tipo que "não deixa mulher pagar nada quando está com ele" –, é importante saber que SER CAVALHEIRO, muitas vezes, é fazer a vontade da dama. Se a vontade dela é que eles saiam juntos e quem banca é ela, com o maior prazer, então ele tem que relaxar e deixar que ela o faça. No máximo, se não quiser que o momento passe em branco, pare no meio da rua e compre uma rosa, um CD da banda preferida ou um bom livro pra ela. Não importa o que elas digam – mulheres sempre amam ganhar presentinhos (e o papel de macho elegante do outro estará garantido, pra poder curtir a boiada sem ter seu ego ferido por não puxar a carteira). E, mulher, olhe no olho do seu macho e diga com o maior carinho: "Pode deixar que eu cuido de você, faço com o maior prazer", senão você corre o risco de o cara dar uma superbrochada porque uma das coisas que cutucam a onça com vara curta, muitas vezes, é esse lance de não poder ser o provedor.

No motel, dinheiro também é dinheiro: tem mulher que concorda com todas as modalidades anteriores, mas quando chega a hora do motel é irredutível: "Motel quem paga é ELE!". Se você pergunta qual é a diferença, ela diz que no restaurante ambos estão comendo; já no motel, ela é "entrada, prato principal e sobremesa". E aí é que está o erro: amiguinha, você está indo pro motel pelo mesmo motivo que ele – só que se o prato principal dele é coxa (de franga, de rã, de peru ou de chester), o seu é salsichão. Então pare com esse papinho, assuma DE UMA VEZ POR TODAS que o sexo e o tesão aos dois pertencem e rache a droga da conta do motel também (ou o equivalente para qualquer das modalidades anteriores em que vocês se encaixarem).

"NÃO COMETERÁS O ADULTÉRIO... FINANCEIRO!"

Tem gente que fuma escondido, que bebe escondido, que come caca do nariz escondido, que fala sozinho escondido, que come escondido, que assiste novela mexicana escondido – e até gente que tem três filhos fora do casamento escondido, vá lá. E como todo mundo gosta de fazer certas coisas escondido porque SABE que o outro ou a outra não iria aprovar, é claro que tem gente que gasta dinheiro escondido. **Essa é a famosa infidelidade financeira** de que muito se tem falado ultimamente, mas que sempre existiu, desde que o ouro é ouro.

Mas no que consiste a infidelidade financeira? É simplesmente você **gastar o dinheiro DO CASAL sem o consenso do OUTRO**, sabendo que se ele ou ela fosse opinar sobre a nova aquisição, a resposta seria um grandioso e redondo NÃO.

"Ah, não, eu não faço isso nunca!". Ah, não? Segue, então, uma breve lista das infidelidades financeiras mais comuns cometidas por ambos os sexos:

1) Fazer as unhas e arrumar o cabelo no salão mais

vezes do que o combinado "porque o esmalte lascou e garoou na sua escova".

2) Comprar entrada pro jogo de futebol e dizer, no dia da partida, que está indo jogar bola com os amigos.

3) Comprar dois pares de sapato liiiindos que estavam na promoção e esconder embaixo da pilha de roupa suja.

4) Sair pra comprar mortadela e gastar dezoito vezes mais em cerveja no balcão da padaria "enquanto espera o homem dos frios fatiar a mortadela".

5) Chegar em casa com um carro esporte novo, motor V8 e dois lugares que você comprou "pra família" (o porta-malas, claro, comporta duas crianças).

6) Comprar um novo jogo de pratos de porcelana florida porque "vai que um dia vocês dão um jantar pra 90 pessoas".

7) Rapelar a poupança da viagem para a Disney porque a casa está precisando muito mais de uma televisão de 50 polegadas.

Aí você pode dizer que coisinhas pequenas como a cerveja no balcão da padoca e a escovinha extra no cabeleireiro não contam porque são gastos ínfimos que o outro nem vai notar, mas CONTAM, SIM – aliás, são os que MAIS CONTAM, afinal são as infidelidades financeiras que a gente mais comete (e as que mais minam as contas do casal no fim do mês).

Claro que é muito mais difícil esconder a TV de 50 polegadas e as novas porcelanas floridas do que uma coisinha aqui, outra acolá. Mas, se vocês querem viver em paz com relação à grana comum – não importa se a renda vem dos dois ou só de um –, não mintam sobre o que compraram. Melhor ainda, **falem o que querem comprar/fazer/parcelar/gastar antes de passar o cartão.** Não importa se isso vai gerar uma discussão de duas semanas e se talvez – talveeeez – você saia do debate sem o aval pra fazer sua nova aquisição. Saiba negociar, desenvolva seus argumentos (e saiba segurar a franga se o outro lado realmente não topar investir o dinheiro de vocês naquilo).

De forma mais prática, entrem num consenso e RESPEITEM esse consenso. Se salão de beleza é VITAL para ela, então estabeleçam uma cota (ou frequência) para esse fim; se o jogo de futebol na arquibancada é uma PAIXÃO para ele, então que vá de tanto em tanto tempo (e quem vai definir a periodicidade dessas coisas é o bolso de vocês, não a vontade).

Para gastos maiores, a conversa é outra. O casal que está junto tem que sonhar e conquistar as grandes coisas da vida JUNTO. Quando não é um desejo óbvio dos dois, cabe à parte que quer muito convencer a que não quer. Mas não existe, nem por decreto, comprometer grana maciça em algo que não seja vontade dos dois – a menos que um seja o Roberto Justus e a outra a Madonna, claro. Nesse caso vocês podem comprar uma ilha cada um e dar de presente pro outro. "Surpresinha!!!"

BATE-PAPO FATOR ALFA

"Precisa saber separar desejo de necessidade"

O consultor de finanças pessoais André Massaro diz que, quando o assunto é grana, casamento tem que ser encarado como negócio – e dá dicas para que as finanças não acabem com o casamento (ou vice-versa).

Se para a maioria das pessoas dinheiro é assunto espinhoso, para o especialista em finanças e economia André Massaro é melzinho na chupeta. Desde que se formou em Administração com ênfase em finanças e se pós-graduou em Economia, ele montou um currículo que só de olhar é capaz de dar dor de cabeça para os avessos ao assunto. Até que ele lançou, em 2010, o livro *MoneyFit* – e passou a se dedicar à educação financeira e às finanças pessoais. Que bom pra nós. André é dos poucos caras da área que conseguem falar de finanças com a clareza – e o pau na mesa – que o assunto pede. E com naturalidade também – afinal, mesmo que seja um bicho de sete cabeças, o dinheiro permeia absolutamente TODA a nossa vida, seja individual, a dois ou a mais.

E talvez tenha sido graças a essa naturalidade que ele não xingou nossas mães quando marcamos entrevista para um domingo à tarde. Bem-humorado e extremamente paciente, André indicou um monte de artigos que ele já publicou sobre o assunto e deu algumas dicas fundamentais para não pisar na jaca quando o assunto são as finanças do casal – seja no começo, no meio ou no fim do relacionamento. Ah, e mais importante ainda: falamos também de como TIRAR o pé da jaca quando a caca já está feita. Seja você herdeiro de um império do petróleo ou amolador de cabeça de prego, o papo que se segue é FUNDAMENTAL para fazer e manter – ou mudar radicalmente – as escolhas que envolvem a grana do casal.

Bianca – *Você diz que o assunto "dinheiro" tem um impacto muito grande no êxito ou não de um casamento, apesar de todo mundo achar que não é nada romântico falar disso. Mas o tema é DE FATO fundamental. Você recomenda que duas pessoas que estão numa relação, mas que ainda têm rendas e contas separadas, já façam uma gestão conjunta da grana, mesmo que ainda não vivam juntas?*

André – No começo tem que ser só uma conversa, mas essa conversa já vai dizer muito sobre o futuro. Pra você ter uma ideia, pesquisas indicam que hoje o índice de divórcio nos países desenvolvidos – Austrália, Estados Unidos e Europa em geral – gira em torno de 50%. Ou seja, quanto mais sólida fica a economia, maior a tendência de os casamentos acabarem em divórcio porque a preocupação vai deixando de ser a sobrevivência para ser a qualidade de vida. E muitas vezes o casamento dança. Vira uma coisa de cara ou coroa, uma roleta-russa: as chances de dar certo são as mesmas de não dar. Então, **antes de casar é fundamental conversar sobre dinheiro**. E a forma como a outra pessoa reage a um papo desses no começo do relacionamento já é um bom indício de como ela encara a questão. Se ela responder de forma muito emocional ou imatura, quer dizer que tem uma visão excessivamente romântica da vida e pode reagir muito mal se as coisas derem errado depois. Se no começo já está ruim, melhor partir pra outra, porque depois só complica (papel assinado, bens, filhos...).

Bianca - *E a coisa pode virar uma bola de neve, né? Problema financeiro acaba com muito casamento!*

André - Não tenho uma estatística exata, mas já conversei muito com psicólogos especializados e advogados de família sobre o assunto e eles dizem que quase todos os casamentos que terminam por outros motivos, como infidelidade conjugal, violência doméstica ou até a famosa incompatibilidade de gênios, tiveram algum estresse financeiro que potencializou ou até deu origem à causa oficial da ruptura. Se você investigar o histórico do casal a fundo, vai encontrar o problema lá em algum ponto da vida a dois. Não adianta, **casamento é um negócio - tanto que existe um contrato!** Então é preciso entrar no casamento com a cabeça de quem está entrando num negócio e tomar as providências necessárias. Os sócios precisam se entender e ter disposição para ajustar as coisas, senão o negócio vai por água abaixo.

Bianca - *Então o diálogo é fundamental pra evitar o descontrole e a infidelidade financeira. E que outras atitudes os casais recém-formados podem adotar para conseguir uma vida financeira saudável desde o começo e não ter que consertar depois?*

André - Para o casal não ter que ficar falando de dinheiro o tempo todo, o ideal é fazer uma reunião mensal em que o assunto vai ser só esse (e o resto da roupa suja os dois lavam em outro momento - a hora da reunião sobre grana tem que ser exclusivamente sobre grana). Só que essa reunião mensal é uma manutenção, não faz milagre. É exatamente como numa empresa. Os sócios se reúnem para fazer o balanço, cada um fala de suas responsabilidades etc., mas se a empresa está no vermelho essa reunião não vai tirá-la do buraco. Por isso é fundamental começar do jeito certo. Os sócios - no caso, o marido e a mulher - têm que estar alinhados. Existem vários perfis financeiros. Tem a pessoa que é mais "carpe diem", gasta tudo, não poupa nada, quer viver o aqui e agora; e tem o outro extremo, que é a pessoa que economiza cada centavo e muitas vezes deixa de viver as possibilidades da própria condição financeira. Não dá para dizer que um ou outro está certo ou errado, mas se eles se juntarem é encrenca na certa. Outra questão que precisa estar alinhada é a dos planos para o futuro: um é ambicioso, está investindo na carreira profissional e quer um padrão de vida alto; o outro já é mais pacato, quer uma vida caseira, não precisa de muito luxo, não se preocupa em chegar ao topo. Se houver uma divergência muito grande de expectativas, o casamento também tem um grande risco de não dar certo. Então **começar certo e alinhar perfil financeiro e expectativas para o futuro** são as dicas para o casal que se formou faz pouco tempo ter menos dor de cabeça com dinheiro.

Bianca - *Legal, André. Mas e o casal que está junto faz um tempo e já enfiou o pé na jaca? Já fez dívida, perdeu o controle dos gastos, estourou o cartão de crédito e não consegue pagar, financiou carro e casa e não dá conta das prestações e até cometeu alguns dos "delitos" que você cita, como infidelidade financeira. Qual é a luz no fim do túnel? Dá para salvar a saúde financeira da casa? Por onde eles devem começar?*

André - Em primeiríssimo lugar, transparência ABSOLUTA: um tem que abrir pro outro o que andou fazendo com o dinheiro. Se tem grana escondida, fala; se fez dívida de que o outro não está sabendo, fala. Ponham tudo na mesa. É hora de, mais do que salvar as finanças, salvar o casamento! E acontece muito de um dos cônjuges ter vergonha do que andou "aprontando" e gastando e daí minimiza o problema, diz que é "coisinha pouca" e, quando o outro vai ver, está devendo um milhão. Não é hora de fazer julgamento. É preciso pôr tudo no papel para que os dois possam saber qual é a situação financeira real. Segundo: muito provavelmente, depois de tudo ter sido aberto e falado, vai haver briga e estresse entre o casal. Talvez um dos dois cogite até uma ruptura porque não estava a par do tamanho do rombo. Mas é importante que os dois se unam para resolver a situação. **Está na hora de sentar e fazer aquele plano financeiro padrão, em que vão decidir que gastos dá para cortar, onde dá para economizar, se há bens que podem ser vendidos para liquidar uma dívida, o que pagar, o que não pagar e quanto pagar de cada coisa**. E o terceiro passo é ver como o casal se comporta ao longo do tempo, depois que o plano foi feito. Alguns casais ficam até mais unidos, outros desandam de vez porque não conseguem mais confiar um no outro.

Bianca – *Tá, mas no caso dos casais que fizeram todas as cagadas financeiras em comum acordo, com total transparência, e decidem sair dessa juntos: como eles devem fazer esse acompanhamento de comportamento?*

André – É preciso investir recursos financeiros e emocionais na reorganização dessa parte. Regra é regra: o casal tem que estabelecer e respeitar. E aí surge uma tremenda dificuldade para muitos. As pessoas têm o costume de ficar se justificando e acabam aliviando a própria barra e pesando na do outro. Seguem o plano por dois ou três meses, daí o marido vai lá e compra um camarote para o jogo de futebol e a mulher volta a frequentar o salão de beleza toda semana, os dois alegando que precisam disso para desestressar. Precisam nada! Precisam é saber separar DESEJO de NECESSIDADE. E é impressionante como as pessoas tendem a transformar desejo em necessidade para justificar suas vontades. O casal tem que ficar muito ligado nisso porque compromete completamente o plano de recuperação financeira. É como dieta. O médico fala que você vai morrer se não emagrecer, então você vai lá, começa a academia, para de comer bobagem e perde dois quilos. Aí você vai comemorar a perda dos dois quilos ganhando mais três! Não adianta NADA! Não pode sair da dieta até eliminar o problema!

Bianca - *André, agora vamos para a parte mais espinhosa da conversa. Das pessoas que escrevem pra gente perguntando sobre separação, algumas dizem que não têm coragem de pedir o divórcio porque estão com a vida financeira muito bagunçada: financiamento, dívidas, imóveis no nome dos dois... Além das pessoas que não trabalham fora e dependem da renda do outro. Pra quem está nessa situação, como fazer?*

André - Nos Estados Unidos há uma coisa chamada "falência pessoal", que aqui não existe. E um dos motivos que mais causam a falência pessoal lá é o divórcio. Sai caro se divorciar lá fora - no Brasil nem tanto. O problema é quando as pessoas não estão financeiramente preparadas para se separar. É uma situação arriscada manter um casamento por causa da situação material, mas se a pessoa é totalmente dependente da outra nesse quesito, ela está bem lascada. É claro que a Justiça brasileira tem mecanismos que foram criados para proteger o lado mais fraco nessas situações, mas a gente sabe que são mecanismos bem ineficientes e que sempre deixam todo mundo insatisfeito - o lado que tem que pagar, porque acha que paga demais, e o lado que recebe, porque acha que recebe pouco. Tirando que já vi muito caso em que o cara tem que pagar pensão, não dá conta, pega o avião e "fui!". A outra fica a ver navios, totalmente desamparada. Por isso digo que a parte preventiva é muito importante: não se deve nunca abandonar completamente a vida profissional/autônoma. Quem casa faz uma aposta, que pode ou não dar certo. Só que largar de vez o lado profissional e ficar totalmente dependente do cônjuge é um mau gerenciamento de risco, é achar que o casamento resolve a vida. Claro que, na teoria, o mais interessante financeiramente falando é o casal juntar as contas, aí investir na parte profissional daquele cuja carreira tem mais potencial de dar certo e render, enquanto o outro fica na "retaguarda", cuidando da família e da casa, para economizar gastos com faxina, babá e serviços do gênero. Na teoria. Na prática, eu digo sempre: nunca abandone a carreira profissional. E como essa realidade ainda é mais feminina do que masculina, vou falar aqui diretamente com as mulheres. Trabalhar fora, além de garantir uma renda individual, faz com que a mulher fique com uma posição mais fortalecida dentro de casa. O marido deixa de sentar naquele "troninho confortável" em que ele acha que, porque paga as contas, está controlando o lar. Isso gera um equilíbrio que inclusive acaba salvando muitos casamentos.

Bianca – *Então vamos lá: pra mulher que está pensando em se separar, mas não trabalha fora e depende totalmente da grana do marido, o conselho seria primeiro se reinserir na vida profissional e começar a ganhar o dinheiro DELA, pra daí pular fora do casamento com uma segurança maior.*

André – E olha que interessante: ao fazer esse movimento de reinserção, ela já está dando um recado pra ele de que as coisas estão mudando. Se bobear, o cara pode se mexer e o casamento pode se salvar. Então, falando em termos de finanças, ter e manter uma vida profissional ativa é uma questão de segurança e de gerenciamento inteligente, não importa se você vai ou não continuar no casamento.

6

TRAIÇÃO

O CORNO QUE NOS HABITA

Todo ser humano, a partir do momento em que começa a andar e falar e toma consciência de si mesmo e da realidade que o cerca, tem três medos fundamentais: o da morte, o da solidão e o de SER CORNO. E o pior – lamentamos informar – é que não existe a mais remota possibilidade de evitar qualquer um dos três eventos. Todo mundo morre (e se nem o Michael Jackson conseguiu burlar essa lei da natureza, não há de ser você a primeira pessoa a pisar na lua da imortalidade); todo ser humano experimenta, em algum estágio da vida (ou em vários, ao longo dela), o sentimento da mais completa solidão, mesmo que esteja cercado de amigos, familiares e bichinhos de estimação; e todos nós, façamos o que fizermos, conhecemos ou vamos conhecer, um dia, a DOR de ser CORNO.

Tá achando que a gente é pessimista ou que isso não é regra, afinal com VOCÊ nunca aconteceu? Pois deixe de ser trouxa a partir de já: claro que aconteceu, **você só não ficou sabendo**. Vamos às estatísticas para você não achar que estamos só querendo polemizar. Uma pesquisa encomendada pela revista *VIP* mostrou que a maioria esmagadora de homens e mulheres já traiu (73% entre eles e 64% entre elas). As chances de um casal ser formado por um homem e uma mulher que sempre foram fiéis na vida é de 1 em 10 – estatística que comprova o que Nelson Rodrigues já dizia: "Em todo casal, há sempre um infiel". Mas o mais interessante é que essa mesma pesquisa revelou que 50% desses casos, quando descobertos, foram perdoados. Ou seja, metade da população brasileira atual que tomou consciência de ter tomado um chifre optou por perdoar o parceiro ou a parceira.

Se, pra você, perdoar uma traição parece coisa do além, vamos colocar mais um pouco de lenha na fogueira. **Afinal, por que as pessoas perdoam?** Se ser corno é um dos grandes medos – e uma das dores elementares – que sentimos desde cedo, como é que algumas pessoas são capazes de superar um lance desses e continuar com a raposa traiçoeira que lhe meteu um par de chifres?! Temos algumas respostas de pronta entrega:

a) Quando a pessoa opta por não perdoar e terminar ali mesmo o relacionamento, ela tende a cair no abismo do segundo grande medo da humanidade, que é o da solidão. E, sim, **muita gente tem tanto medo de recomeçar do zero**, de não ter ninguém pra enroscar o pé embaixo do cobertor nas noites chuvosas ou simplesmente de comparecer "de mãos abanando" nos jantares da família, que opta por fazer vista grossa e tocar pra frente como se nada tivesse acontecido. Para esses, vale aquela máxima invertida: "Antes mal acompanhado do que só".

b) Quando a arquitetura familiar e financeira vai ser tão abalada e prejudicada pela separação do casal que a parte corneada pensa duas vezes e prefere deixar quieto. Isso acontece bastante com gente RICA, diga-se de passagem. É aquela história: se a gente não tem onde cair morto, cada um faz sua malinha e bye, bye. Agora, quando o casal tem sociedade numa empresa lucrativa, fazenda de gado, conta recheada em paraíso fiscal, apartamentos em Malibu, Paris e mais seis imóveis – sendo que o maior, melhor e mais caro é aquele em que vivem juntos, claro –, pode ter certeza de que vão conversar muuuuito antes de optar pelo divórcio. **E patrimônio de rico, minha gente, costuma valer bem mais do que qualquer pulada de cerca** (além de ser bem mais fácil ignorar o ocorrido tirando umas férias fora de hora, regadas a taças de champanhe e acompanhadas por sessões intensivas com o terapeuta de casais mais caro de Nova York!).

c) Quando o corno é tão CEGO de paixão que não para nem pra perguntar por que a pessoa traiu: se ela disser que foi só uma trepada e que ainda quer ficar com ele, tudo bem! Não que o chifrudo apaixonado viva bem com isso – pelo contrário, é o tipo que mais sofre com a traição. Passa meses, às vezes ANOS, remoendo o trauma e chorando por dentro, abraçado à almofadinha do sofá da sala; morre de medo de acontecer de novo, fuça bolsos, gavetas, redes sociais e o que mais tiver à mão. **Esse tipo de corno, que tem uma dependência emocional tão forte que é quase química pela outra pessoa, consegue perdoar – mas NUNCA esquece**. Até porque, quando tinha que ter questionado e entendido o motivo da traição (que pode ter sido, por exemplo, o fato de a pessoa não ter por ele nem um décimo do amor que ele tem por ela!), o corninho apaixonado preferiu engolir em seco, apavorado de perder o GRANDE AMOR DA VIDA DELE – ou de descobrir que, de fato, a pessoa está cagando e andando!

d) **Quando o corno coloca o acontecimento na balança e decide que o resto da história a dois pesa mais do que a traição** (e quem fala bem disso aqui no livro é o Luiz Felipe Pondé, na entrevista do Capítulo 1). "Ei, mas peraí, vocês estão falando que tem corno que pondera numa hora dessas?" Claro que sim. E normalmente isso acontece com pessoas que têm uma tendência maior a racionalizar e analisar a vida do que a se render para os achaques de emoção. Então ela se distancia um pouco e pensa. Pode ser que saia dessa reflexão achando que o outro tem mais é que ir pra ponte que lhe partiu o rabo, mas pode ser que conclua que, no fim das contas, o que eles têm em comum é bom – e vale a pena virar essa página no relacionamento.

CONTATOS IMEDIATOS

Agora você está olhando para essa página com uma cara de interrogação tão pálida que mais parece corno quando descobre a prova cabal da traição no celular da raposa traiçoeira. A verdade é que, sim, as pessoas perdoam traições – e muitas vezes não só por A ou B, mas por um somatório de A, B, C, D e todas as alternativas que não citamos antes. Como disse o Pondé, **quando alguém trai ou é traído, o importante é saber olhar para as variáveis que estão em jogo antes de tomar uma decisão.**

As pessoas se encantam umas com as outras, isso sempre vai acontecer. Você vai passando pela vida – lugares, momentos, contatos imediatos de terceiro grau – e conhecendo gente. Não importa se está ou não num relacionamento. As relações humanas são feitas dessa sinergia, dessa TROCA que acontece entre as pessoas, o tempo todo! Então é claro que, em algum ponto, pode rolar um curto-circuito com alguém. E, dependendo do momento em que o casal se encontra, pode ser que um ou outro ceda à tentação de dar uma pulada de cerca. **Todo mundo nessa vida já traiu e já foi traído.** "Mentiraaaa! Minha mãe, não!". Pode até ser, mas que ela PENSOU em trair, pensou. A certa altura da vida (que pode ter sido no começo do casamento ou até depois das festejadas bodas de ouro), quando ela deu um sorriso mais derretido para aquele açougueiro que sempre separava o melhor pedaço de coxão mole pra ela, sua mãezinha certamente se imaginou fazendo um sexo louco entre as carcaças do frigorífico. E se você não aguenta essa verdade, beba leite, criança.

"Pô, mas e aí?! Se a criatura alfa não suporta que mijem no poste que é DELA, não é pura bundonice perdoar uma traição?". Tudo depende das SUAS variáveis. **Se você está sentindo o impulso de dar mais uma chance para a pessoa que traiu, comece pensando nos SEUS porquês.** É porque você morre de medo da solidão, é porque você não quer que os vizinhos fiquem falando, é porque os filhos vão sofrer, é porque você tem uma paixão incontrolável por aquela pessoa, é porque ele trabalha na pastelaria e sempre te dá pastel de graça ou é porque você acha que, perto de tudo que vocês viveram, essa traição pode ser digerida e trabalhada pra melhorar o relacionamento? **A resposta está nas suas variáveis e no quanto de gastrite isso pode te causar.** Alfa que é alfa pode, sim, perdoar uma traição – o que não pode é aceitar (ou deixar de aceitar) a cornice por motivos que não são seus.

DEPOIMENTO DE UMA ADÚLTERA

As estatísticas que aparecem vez por outra afirmam e reafirmam: sim, os homens traem mais do que as mulheres. Mas as mulheres traem cada vez mais – enquanto eles se mantêm naqueles altos "mais de 75% traem ou já traíram", a cada ano elas evoluem no quesito: 40%, 50%, 60%, 68%... E o mais interessante é que elas estão traindo mais do que antes e com maior INTENSIDADE do que eles. Porque além do envolvimento sexual, a mulherada costuma se jogar nas aventuras extraconjugais com requintes de paixão (para quem nunca assistiu ao filme *Infidelidade*, fica a dica: a protagonista, papel de Diane Lane, bem casada com um "gatón" grisalho interpretado por Richard Gere e mãe de um lindo perdigoto, vive seu caso tórrido com um garotão francês; ela se apaixona pela baguete do amante, apesar de ainda amar o marido – e o que era para ser só uma pulada de cerca vira uma doencinha enlouquecedora que tiraria o sono de qualquer uma).

É justamente por causa das estatísticas femininas que escolhemos uma MULHER para dar o depoimento abaixo. Dos motivos dos machos para trair a humanidade já está cansada de saber (tanto os vis quanto os mais profundos, tanto os que fazem sentido quanto os que são mera desculpinha para trocar o óleo no posto vizinho): eles adoram picanha, mas comer picanha todo dia pelo resto da vida é um saco; é intrínseco à natureza do macho ter a necessidade de polinizar todas as flores do jardim; as namoradas e esposas não aceitam suas fantasias sexuais; as namoradas e esposas não gostam de fazer sexo anal nem de engolir porra; a carne é fraca; homem não consegue dizer não pra mulher gostosa e/ou bonita; homem pensa com a cabeça de baixo; as namoradas e esposas não estão sexualmente disponíveis; o Corinthians perdeu.

Mas agora vamos descobrir o lado DELAS: o que leva a mulher a trair? Será que é só carência afetiva e necessidade de um pouquinho de atenção, como elas gostam de dizer (e esse é o equivalente feminino ao famoso discurso de polinizar todas as flores do jardim que os homens gostam de usar), ou será que as mulheres andam traindo porque também não estão mais a fim de picanha no almoço e no jantar, por anos e anos a fio?

"A Rita levou meu sorriso..."

Apertamos o botão do sétimo andar e subimos. Foi a própria Rita que abriu a porta, sorrisão no rosto (claro que o nome da nossa traidora foi trocado para preservar a identidade dela). No apartamento confortável que ela divide com o atual namorado, tudo parece novinho em folha – do sofá aos porta-retratos, com fotos em que o corte de cabelo e as lembranças fazem parte do tempo de agora, a vida tem cara de recém-nascida. Rita é daquelas pessoas abertas, que falam pelos cotovelos e gesticulam bastante. Pede pra gente sentar, oferece de café a cerveja gelada, diz que na geladeira dela nunca tem hora pra nada. Assim que o gravador começa a contar os segundos de conversa, ela nem espera a primeira pergunta.

Rita – Gente, topei dar esse depoimento porque acho que são poucas as mulheres que assumem numa boa o fator de terem traído. Não que eu ache que o que fiz foi legal, mas, na boa, tá feito. Então acho que as pessoas precisam saber que acontece, que não é só homem que faz isso e que existe vida após a traição, não só pra quem foi chifrado, mas também pra quem chifrou!

Bianca – *Mas por que você diz isso? Esse período pós-chifre não costuma ser mais turbulento para a pessoa que foi traída?*

Rita – Nossa, não mesmo! Porque quem foi traído fica numa posição mais fácil, que é a de vítima, entende? Ninguém quer saber dos motivos, dos porquês. O que salta aos olhos é que aquela pessoa foi enganada, chifrada, e quem fez isso com ela é o vilão da história. Os amigos, a família, todo mundo toma partido da pessoa que foi traída. E o outro fica com aquele cartaz de "filho da puta" amarrado no pescoço por muito tempo, sabe? Até os amigos que sabem dos pormenores da história e compreendem um pouco melhor o que rolou preferem se distanciar porque não querem dar bandeira, não querem que a vítima do lance ache que apoiam o que o outro fez.

Ismael – *Mas então explique um pouco pra gente o que motivou você a trair. Primeiro conte sua história, pra gente chegar ao ponto de virada, que fez você ter vontade de botar um par de chifres no cara.*

Rita – Então, talvez vocês estejam esperando que eu fale que ele me tratava mal, que não me dava valor, que me sacaneou ou qualquer coisa assim. Não. Esse meu ex-namorado era na verdade um cara bem bacana. Gostava muito de mim. Aliás, ele sempre foi mais apaixonado por mim do que eu por ele, esse é o primeiro problema. Mas eu gostava dele, me sentia bem com ele, sabe? Nosso relacionamento era gostoso, o circo que existia em volta se encaixava perfeitamente. Nossos pais tinham uma convivência legal, eu gostava muito da família dele, me dava bem com todo mundo, ele idem. A gente tinha o mesmo círculo de amigos, saía bastante, tinha uma vida social bem ativa. Era tudo muito gostoso.

Bianca – *Até aqui parece que você está descrevendo o relacionamento ideal, que todo mundo diz que procura e nunca acha. Onde está a pegadinha?*

Rita – A pegadinha é simples: o cara não tinha pegada! Era superinseguro na cama, eu que tinha que tomar as iniciativas e ensinar tudo pra ele. Ele sentia muito tesão por mim, mas não sabia me pegar de jeito. Não sabia ser macho com "m" maiúsculo, entende? Era uma delicadeza sem fim, até quando ele resolvia fazer mais forte. E aí eu comecei a brochar na parte sexual do relacionamento, mas não tive coragem de mostrar o problema pra ele com todas as letras. Não tinha coragem ou não tinha vontade, não sei. Acho que não via potencial naquilo. E aí, depois de uns dois anos de namoro, tive meu primeiro caso.

Bianca – *Quem foi?*

Rita – Era um cara que eu conhecia fazia tempo e que eu percebia que pagava um pauzinho pra mim. Nunca tinha dado bola, mas um dia ficamos bebendo até mais tarde e acabou rolando. Na hora eu pensei "que merda, o que eu tô fazendo?!", mas tava tão bom que deixei acontecer. E como foi bom. Fazia tempo que não sentia tanto tesão durante um beijo e tinha até esquecido o que era transar com um homem que sabe o que tá fazendo, que te pega de jeito, te fuça inteira, te vira de cabeça pra baixo!

Ismael – *E o caso continuou?*

Rita – Na verdade virou um casinho intermitente, sabe? O cara morava em outra cidade, mas quando a gente se via, sempre acabava rolando. Mesmo que tivesse um monte de gente por perto, a gente dava um jeito de escapar pra um lugar escuro, meio escondido, e mandava ver lá mesmo, rapidinho. Daí eu até cheguei a me perguntar se não estava me apaixonando por ele, mas não estava, não. Não conseguia nem me imaginar vivendo uma vida a dois com aquele cara, tipo namoradinhos indo no cinema, coisa e tal. Era tesão puro, nada mais.

Bianca – *Até aí, tudo bem. Mas sentir esse tesão com outro homem e descobrir que você não tinha isso com seu namorado não mudou sua relação com ele? Você não sentiu vontade de terminar o namoro?*

Rita – Aí que tá. Todo o resto era muito bom com meu namorado. A gente se dava bem demais, gostava das mesmas coisas, a gente realmente se divertia pra caramba. O papo era bom, o carinho era bom. Rolava uma afinidade intelectual grande. Eu não tinha vontade de terminar com ele porque não queria abrir mão de toda essa parte. Então o que aconteceu nesse período da minha vida é que passei a compensar a parte ruim, que era o sexo, transando com outros caras. E eu separava isso muito bem na minha cabeça. Ele era o oficial, os outros eram só sexo.

Ismael – *Opa, "outros", no plural? Não tinha sido só aquele cara?*

Rita – Meu, depois que você faz uma vez e gosta, aquilo não te gera nenhum trauma ou peso na consciência, ferrou. Você não para mais. E parece que os caras têm um radar pra isso: eles sabem que você tem namorado, mas vêm pra cima mesmo assim.

Ismael – *Não é radar. Os homens conversam!*

Rita – Tá, mas isso acontecia com caras que nem se conheciam! Não é que eu rodava a mesma turma e, lógico, todo mundo sabia que eu pulava a cerca. Isso acontecia em ambientes diferentes, com pessoas de mundos diferentes. Mas hoje entendo de outra forma: na verdade EU é que deixava essa coisa meio que exalar. Eu dava a entender nas entrelinhas que amava sexo e que traía meu namorado. Não verbalizando, entende? Acho que eu fazia uma jogada toda de conquista, de *sex appeal*, sem nem me dar conta.

Bianca – *Mas e seu namorado, não percebia esse movimento?*

Rita – Ele morria de ciúme de mim. Era tão apaixonado que me achava o máximo, me achava irresistível e tinha pavor de me perder pra alguém. Só que, de alguma forma, ele deve ter enfiado na cabeça que isso era uma paranoia dele. Daí ele simplesmente ignorava os sinais mais óbvios, achava que era só meu jeito de ser. E eu, claro, dava a maior força pra essa teoria. Minha situação estava muito confortável, entende? Eu tinha o namoradão dos sonhos, o companheirão com quem eu vivia a minha vidinha quase perfeita, e tinha meus amantes, com quem eu saciava aquela vontade louca de dar, gozar e conhecer tudo quanto é jeito de transar. Não tinha tédio, não tinha monotonia. E como eu tinha liberdade de ir e vir porque nunca deixei meu namorado podar minhas asinhas – e isso nem era muito a cara dele –, não precisava nem fazer grandes manobras. Dizia que ia sair pra tomar cerveja com fulano ou cicrano, saía. Em vez de só tomar cerveja, eu dava. E depois voltava pra ele na maior cara de pau, dormia abraçadinha e pronto.

Ismael – *E quando foi que isso acabou? Como foi?*

Rita – Bom, aconteceu o inevitável, né? Eu fui ficando tão folgada nessa situação que acabei relaxando a guarda. E aí ele me flagrou bonito.

Bianca – *Ele te pegou no ato?*

Rita – Não, no ato, não. Mas começou a desconfiar, daí deu um jeito de invadir minha caixa de e-mails e estava tudo lá: dezenas de trocas de e-mails com caras diferentes, falando tudo quanto é tipo de sujeira, mencionando os encontros em detalhes. E eram caras reais, né? Muitos deles ele conhecia, sabia quem eram. Aí foi tudo por água abaixo.

Bianca – *Não teve segunda chance?*

Rita – Não, não teve. Mas é que eu também não procurei essa segunda chance. Quando a bomba explodiu, eu meio que assisti de camarote. Deixei meu ex-namorado falar um monte, fiquei quieta. Olhei enquanto ele fazia a mala, batia as portas, saía no meio da noite. Continuei quieta. De novo, na hora eu não entendi por que eu não estava correndo atrás dele, pedindo desculpas e dizendo que ia mudar. Mas depois saquei que era porque, bem lá no fundo, eu sempre quis ter coragem de terminar o namoro, mas não tive. E a oportunidade de acabar com tudo foi aquela. De um jeito bem tosco, é verdade, mas era isso. Podia ter evitado magoar o cara? Claro que sim. Mas quando você trai e vive bem com isso, não consegue pensar muito no outro. Até pensa, mas automaticamente encontra justificativas para a traição e também se programa pra achar que aquilo não é tão grave assim.

Ismael – *Algum arrependimento?*

Rita – *Putz, me arrependo de não ter sido mais cuidadosa com um cara que era legal comigo e de quem eu gostava, claro. Mas se eu disser que não curti cada trepada, tô mentindo. E também não vou inventar desculpinha, sabe? Ele me tratava feito rainha, pô. Mas eu também estava atrás de quem me fizesse gozar gostoso – e com ele eu não conseguia.*

A Rita abriu a porta de novo, com o mesmo sorrisão, pra gente sair. Demos uma última olhada na sala em que ela constrói uma nova história. Não cabiam perguntas sobre como é o relacionamento atual, se o cara tem pegada, se ela continua traindo. Porque cada história é uma história – e todo mundo merece a chance de ser feliz numa recém-felicidade. Até que a morte – ou a caixa de e-mails invadida – os separe. Ou não.

AS PANTERAS COR-DE-ROSA DA TRAIÇÃO

Existem dezenas de formas de lidar com uma suspeita de traição. Uma delas é simplesmente perguntar na lata: "Você tá me traindo?". Acontece que dificilmente a resposta vai ser positiva. Quando as pessoas são encostadas na parede desse jeito, aliás, a tendência é reagirem de um jeito bem simpático. Algo como: "Você tá pensando o quê?! Tá me chamando de vadia??", "Eu trabalho feito um jegue pra botar comida na mesa e você me vem com essa?? Vai arrumar o que fazer em vez de ficar pensando na morte da bezerra!!!" ou "Na boa, você tá precisando de terapia!". E é claro que existe aquele 1% da população que respira fundo, encara o outro e fala com todas as (duas) letras: "tô". Mas, convenhamos, é uma espécie rara.

Já pra quem desconfia da traição, mas não tem coragem de perguntar – ou prefere ter a prova cabal em mãos para poder encurralar o outro sem dar chance de réplica –, existe um serviço todo especial à disposição: o de detetive particular. Você instantaneamente visualizou um sujeito de aparência sombria, com chapéu cobrindo metade do rosto e uma capa de chuva cinza, encostado num poste, lendo jornal? Então, não é esse cara. O detetive particular é aquela figura insuspeita, que você nunca imaginaria que possa estar à espreita de alguém. E você não precisa ir até um escritório obscuro no canto mais sujo e mal frequentado da cidade para contratar o serviço. Hoje você fala com eles pelo celular ou por e-mail, passa informações e fotos digitalizadas, se bobear até parcela em 12 vezes no cartão. E é claro que nós fomos atrás de uma das profissionais mais experientes do ramo – a detetive Ângela Bekeredjian – para saber mais sobre essa história.

A detetive Ângela é uma figura*. 71 anos, 50 na profissão – que começou quando ela descobriu a traição do próprio marido: "Com um ano e pouco de casada, desconfiei que meu marido estava me traindo, fui atrás e peguei no flagra. Foi aí que eu entendi que eu dava certo pra ser detetive! E sou uma boa detetive justamente porque MEU marido me traiu. Fiquei com ele, mas graças a Deus ele já faleceu!". E ela dá risada.

A verdade é que, segundo a própria Ângela, as mulheres são maioria massacrante na procura pelos serviços de um detetive particular para descobrir traições. Por isso revelamos aqui, nas palavras carregadas de propriedade da bem-humorada detetive – que diz que também precisa ser um pouco psicóloga na hora de enxugar as lágrimas das clientes – quais são os **sete sinais que os homens deixam quando querem pular a cerca:**

1) ***"O homem muda totalmente de atitude:*** *de repente fica pensativo, chega em casa com aquele ar cansado, fica longe, senta na frente da televisão sem nem prestar atenção no que está vendo – pode até ser um filme pornô, que ele fica olhando pasmado, com a cabeça em outro lugar. Você pergunta se ele quer tomar um drinque e ele: 'Hã? O quê? Você falou comigo?'"*. Conclusão que tiramos da análise da detetive Ângela: que o cara anda com a cabeça em outro lugar, está claro. Só que são grandes as chances de ele estar com as duas cabeças em outro lugar. SINAL AMARELO!

2) ***"Do nada, ele decide que tem que ir ao médico dizendo que está impotente,*** *que o negócio dele não levanta. O quê? Não levanta com VOCÊ, mas pode ter certeza de*

* N. do E.: Ângela veio a falecer no dia 19 de novembro de 2013, pouco tempo depois de ter sido entrevistada pelos autores.

que com as amantes dele levanta, sim!". Conclusão: se o cara não está usando a ferramenta com você e de repente vem com essa, fica claro que ele está querendo usar com alguém. Não tem muito o que discutir. Outro indício forte é quando você encontra a famosa pilulazinha azul escondida na maleta dele. De novo, se a bandeira não está sendo içada na SUA nação, com certeza deve estar fincada em território inimigo! SINAL VERMELHO!

3) *"Outra muito simples: o telefone celular! Antes, ele chegava em casa e deixava largado em cima da mesa.* ***Agora ele vai fazer xixi e cocô com o telefone no bolso*** *e fica horas e horas trancado no banheiro. A esposa grita: 'Fulano, o que você tá fazendo?!'. 'Hã? Tô fazendo minhas necessidades!'. Que nada! Ele tá ligando bem baixinho pra amante!"*. Conclusão: está claro que ele não quer correr o risco de você fuçar no celular dele – e se antes ele não estava nem aí pra isso, pode ser que esteja te traindo. Mas também pode ser que esteja só fazendo um sexozinho virtual ou que tenha baixado uma lista gigantesca de vídeos do *PornoTube* que ele não quer que você veja porque morre de vergonha. Mas que o celular dele não está sendo usado só pra ver resultado de jogo de futebol, não tá! SINAL AMARELO!

4) *"O cara começa a malhar,* ***começa a se preocupar demais com as roupas íntimas*** *– se antes usava cueca slip, agora só quer usar samba-canção (isso quando não cisma que só quer cuequinha de seda com bolinha). Por quê? Porque ele quer mudar, quer ficar jovem. Quando é assim, as mulheres trocam de regime, eles trocam de cueca!"*. Conclusão: vaidade e amor-próprio, na medida certa, todo mundo tem que ter. Faz bem pra saúde, pra vida e pro relacionamento. Mas do NADA o cara quer só cuequinha de seda com bolinha? Ele perguntou se VOCÊ acha isso sexy? Porque pra alguém ele andou perguntando! SINAL AMARELO!

5) *"Perfume. Ele vira pra mulher e fala: 'Ah,* ***compra um perfume mais unissex****, que eu gosto de um cheiro um pouco mais feminino'. Sabe pra quê? Pra disfarçar o perfume da amante!"*. Conclusão: se o cara começa a usar perfume de mulher, na boa, ou ele está traindo, ou trocou de time. SINAL VERMELHO!

6) *"Viagens de fim de semana. Ele chega e fala: 'Olha, vou ter que fazer uma viagem pela empresa porque tem um curso não sei onde, vou ter que ir pro Paraguai, vou ter que ir pro Nordeste...'. Bom,* ***tente investigar o que é essa viagem, pra onde ele vai e com quem****. Porque quando o homem tem amante, ele sempre faz isso. Arruma uma desculpa destas: viagem a trabalho, horas extras, reuniões até tarde."* Conclusão: se você está com trinta pulgas atrás da orelha, faça marcação cerrada: fique com nome e telefone do hotel pra "emergências", leve ao aeroporto, ligue pro colega de trabalho com quem ele supostamente está com a desculpa de que o celular dele está fora do ar... Se o cara estiver mentindo, uma hora você pega no pulo. SINAL AMARELO!

7) *"Homem é safado mesmo.* ***Se ele começar a fazer algo diferente, desconfie!****"*.

De histórias em que a mulher faz escândalos dignos de notícia no jornal das 8 até casos em que a "traição" era uma tara que não envolvia terceiros – como na vez em que a detetive descobriu que um pastor de igreja ia para o motel com uma boneca inflável –, Ângela tem papo pra muitas horas. Mas uma das conclusões que tira dos anos de experiência é que as traições também servem pra dar uma sacudida em casamentos que andavam mornos, à beira do fim. "Às vezes descobrir uma traição bota uma pimentinha no relacionamento. Depois do flagra, o casal faz as pazes", conta.

Alguns depoimentos que recebemos de leitores e leitoras confirmam a tese da detetive do flagra. Outro dia chegou e-mail de uma delas: "Que tal vocês falarem sobre os casamentos que, em vez de sofrerem um abalo, melhoraram muito depois de uma traição?". Sim, esses casos existem aos montes.

Vinte e cinco anos de casada, dois filhos adultos, carreiras bem-sucedidas de um lado e de outro, contas bancárias recheadas e um belo patrimônio construído a dois, Mônica certo dia começou a suspeitar do marido. Ele andava com o celular pra cima e pra baixo sempre na mão, recebia torpedos que lia rapidinho e apagava, dizia que era coisa da empresa. Ela contratou um detetive e não deu outra: já no primeiro dia, o cara ligou pra ela e disse que o marido acabava de fazer check-in num motel com uma mulher que tinha estacionado o carro dela na rua antes de entrar no dele. Mônica pegou o endereço do motel e correu pra lá. Quando o carro do marido despontou na saída do motel, ela se jogou na frente feito um espantalho raivoso. Abriu a porta do passageiro e arrastou a amante pra fora pelos cabelos. Quando olhou a cara da mulher, o terremoto subiu dois pontos na escala Hichter: era uma amiga do casal de longuíssima data! Baita drama, bafafá envolvendo a família toda, roupas jogadas pela janela da cobertura, advogado falando com advogado desde o primeiro dia. Até que o maridão resolveu pedir trégua, pedir desculpas, pedir pra voltar. No dia do aniversário dela, Mônica abriu a porta de casa e encontrou todos os cômodos lotados de buquês de rosas vermelhas. Pois bem. Sabe onde os dois foram parar, uma semana depois? Na famosa segunda lua-de-mel, nas Bahamas (as Bahamas de verdade, não o puteiro!). E o maridão conseguiu voltar – pra casa, pro casamento, pra segunda chance. E a amiga de longa data não tem mais frequentado as festas do casal, claro.

7

FINAL FELIZ

> "Falar sem aspas, amar sem interrogação, sonhar com reticências, viver sem ponto final."
> Charles Chaplin

E QUANDO CHEGA O FIM?

É bem tênue a linha que separa a vontade genuína de insistir em um relacionamento para que ele dê certo do **comodismo**, que faz com que a pessoa prefira continuar num namoro ou casamento em que está completamente insatisfeita a largar tudo e recomeçar do zero. E os fatores que encontramos, consciente ou inconscientemente, para justificar a inércia com que tratamos nossa vida sentimental são os mais variados – dos filhos que ainda estão pequenos aos que ainda não saíram de casa apesar de já terem 39 anos até as dívidas conjuntas; da família que "gosta tanto" do fulano até o fato de a gente achar que a pessoa vai sofrer muito com o baque. Tudo é motivo pra não colocar um ponto final numa história que já está falida. E o que explica essa dificuldade não é só a preguiça congênita que temos de nos transformar. **O ser humano tem medo de fazer escolhas – e, muitas vezes, não sabe enfrentar esse medo.**

Mas medo do quê, se a vida está comprovadamente RUIM? Lá vai: medo de ser responsável por uma decisão e depois ter que arcar com as consequências, sejam boas ou catastróficas – pra gente ou pro outro; medo de pular fora de uma (in)certeza estável para cair num buraco negro sem fundo; medo do que os outros vão pensar; medo do esforço que vai ser ter que (se) reconstruir; medo de se precipitar; medo de sentir que fracassou ou "arregou"; medo de não dar conta do recado; medo de ficar sozinho à noite, nos almoços da família e no Dia dos Namorados. Medo, enfim, de TUDO aquilo de que o bendito "compromisso" com alguém parece nos salvar.

Nair e o medo

"A coragem só acontece quando a gente
enfrenta o próprio medo"

A gente volta e meia cita, nos debates da TV, a sabedoria da nossa vovó Nair. Para quem acha que alguns fatos e personagens que fazem parte da nossa conversa são fictícios, aqui vai a paulada na cabeça: a vó Nair existe, sim, e tem hoje 87 anos. Certo dia, depois de passar um cafezinho na cozinha de sua casota térrea no bairro do Cambuci, em São Paulo, onde vive há quase 60 anos, ela puxou conversa sobre essa história do medo. Contou que, quando era pequena, morria de medo de gente morta. Aí havia a figura viva de uma tal de "Noninha", uma velhota carcomida pelo tempo que morava no fim da rua da Nair. Noninha era só isso, uma velhinha com alguma síndrome que fazia com que todos os seus músculos se repuxassem o tempo todo: passava o dia com a boca abrindo e o resto da face se retesando. O andar era horripilante, com braços e pernas se contorcendo como os de uma aranha que se debate em câmera lenta.

Noninha gostava de ficar apoiada no muro da casa vendo o seu resto de vida passar, e as crianças do bairro – incluindo a Nair – atravessavam a rua sempre que chegavam perto da casa dela. Tinham um medo agudo e inexplicável daquela assombração distorcida que mais parecia ter saído de um filme do expressionismo alemão da década de 20. Até que um dia a mãe da Nair decidiu que a filha deveria tomar aulas de bordado com duas senhoras (elas mesmas já beeem senhoras) que eram NETAS da Noninha e, claro, como era comum naquele tempo, moravam na casa da velha. Nair disse que ficava arrepiada toda vez que tocava a campainha do lugar. A porta se abria, as duas bruxas rechonchudas diziam "entre, minha criança!" e a Noninha ficava sentada numa poltrona grande no canto da sala, olhando fixamente para ela. Enquanto aprendia ponto cruz e rococó (ao que hoje a gente pergunta: hããã?!), Nair sentia no cangote o arrepio daquele olho azul arregalado da assombração. Até que foi se acostumando, apesar dos uivos crescentes da criançada do bairro, que teimavam em dizer que ela seria comida viva pela Noninha – era só uma questão de tempo.

O genial da história é que a Nair começou a criar um laço de ternura com a velha mal-assombrada. Noninha gostava de jogar no bicho e todo dia perguntava pra menina com o que ela tinha sonhado na noite anterior. Se era com morte, a velha jogava no elefante (e tinha na ponta da língua um bicho correspondente a cada sonho relatado pela pequena, sem muita explicação). Quando as aulas terminaram, a Nair continuou a visitar a casa das professoras-bruxas, com a desculpa de que queria folhear as revistas de figurinos. Noninha já estava de cama, à beira da morte, e as netas diziam que ela só estava esperando a visita de uma bisneta – que não vinha nunca – para descansar. Não se sabe se a tal bisneta a visitou ou não, mas o fato é que Noninha morreu.

Quando recebeu a notícia, a Nair não sentiu o medo que costumava ter de gente morta. O que ela tinha que sentir, já tinha enfrentado – e vencido – com a velha ainda viva. Então experimentou uma coisa diferente. Em vez dos pesadelos que povoavam seu imaginário de criança tonta sempre que o assunto de defunto pairava no ar, a pequena pensou com carinho nos olhos azuis da velha Noninha e dormiu um sono tranquilo, que só dorme quem já descobriu a coragem.

Coragem pra superar

A gente PRECISA experimentar o medo desde cedo porque é uma emoção que pode e vai surgir em qualquer momento da vida. Quanto antes a gente aprender a reconhecer isso, melhor para desenvolver mecanismos de reação. Isso serve para a criança – e, depois, para o adulto que ela vai virar – reconhecer o tipo de medo que a protege de uma situação de risco e diferenciá-lo do **medo exagerado que a deixa congelada e impede um movimento da vida que exige superação**. Agora pare e leia essa última frase de novo. Ela fala com VOCÊ, que está com medo de encarar a morte do SEU relacionamento, assim como a Nair tinha medo de encarar o fantasma de gente morta. E o mecanismo que você tem que acionar é o mesmo que ela acionou, 80 anos atrás, quando entrou na casa da Noninha e abraçou o que para ela, na época, era o próprio diabo. Eliminadas as crendices – das outras crianças e dela mesma –, a Nair menina criou uma **estratégia de enfrentamento** que se consegue com CORAGEM. **E a coragem só acontece**

quando a gente enfrenta o próprio medo – olha que coisa de louco.

Então vista sua carapuça de Nair. Pense nos seus medos e bata na porta deles sem pedir licença. A linha que separa o desejo e a esperança de que um relacionamento dê certo do comodismo e do MEDO é fina – mas, quando a balança pende para a segunda opção, você sabe muito bem o que está sentindo. E se você sabe que desse mato não sai mais coelho, prepare o terreno e vá. Converse com os filhos, com o advogado, com os amigos, com aquela pessoa da família que "gosta tanto do fulano", com seus pais, faça o que for necessário. **E aí tome coragem**. Pense naquela Nair magrelinha e lombriguenta (sim, é o que ela também conta, em suas mil divagações sobre a infância), erguendo a espada de São Jorge e adentrando a masmorra da Noninha.

ENFRENTAR O MEDO DE TERMINAR É CRIAR A CORAGEM DE SE DAR MAIS UMA CHANCE. É parar de ter medo de gente morta – sejam pessoas de carne e osso ou sonhos antigos que não deram certo e estão esperando uma **reação SUA** para dar lugar aos novos.

Para levantar no dia seguinte

Vamos descrever aqui uma situação e você vai dizer, com muita sinceridade, se já passou (ou continua passando) por ela: fim de relacionamento – pode ser uma ficada na qual você estava apostando suas fichas, um namoro ou um casamento. Você acorda na primeira manhã depois de ter chorado a noite toda e não tem coragem nem de abrir a janela. Seu mundo ACABOU. Se desse, você se enfiaria embaixo do edredom e ficaria hibernando pelos próximos dias porque **a dor é muito grande,**

é insuportável, é desumana! Só que você tem que levantar pra trabalhar, estudar ou qualquer outra bobeira secundária que coexistiu com o GRANDE AMOR DA SUA VIDA. Então se arrasta até o banheiro, lava o rosto, mete um par de óculos escuros com lente diâmetro 12, coloca uma caixa de lenço de papel dentro da bolsa ou da mochila e vai à luta.

O dia é um tormento. Cada pessoa que se aproxima pra saber o que te aconteceu, achando que morreu sua mãe, seu pai, seu cachorro, qualquer coisa, ouve a ladainha. E você fica nessa por meses. Claro que não chora mais tanto assim, mas não tem vontade de sair, de se arrumar, de sorrir, de dançar, NADA. Que dirá de se apaixonar?! Nããããão, você já viveu a TRAGÉDIA do grande amor! E primeiro que você nem acredita que vá se apaixonar de novo desse jeito; segundo que não quer passar por isso tudo de novo. É sofrimento demais.

Se você se identificou com a história toda, sentimos muito informar, mas você não está sendo nem um pouco alfa.

Alfa que é alfa (não importa se homem ou mulher) pode amar loucamente e sofrer barbaridades quando o relacionamento acaba – mas nunca, JAMAIS acha que a vida perdeu o sentido porque não está mais com fulano ou cicrana. Sabe por quê? Porque o ser humano alfa sabe gostar das pequenas delícias de estar sozinho. Alfa que é alfa também não tem que pensar muito antes de "retomar a vida social" porque nunca deixou de ter uma, caceta! Mesmo quando você está num namoro ou casamento, PRECISA TER UMA VIDA SOCIAL ATIVA! E vida social não é só balada, faça o favor. Vida social é toda e qualquer programação que você faz na companhia de outras pessoas. Cinema, restaurante, exposição, parque, viagem, pegar praia, tomar sorvete de casquinha, biblioteca, curso de línguas, dança de salão, clube de xadrez, QUAL-QUER COI-SA! Não tem a ver com SEXO e muito menos com aquela única pessoa com quem você estava. Por último, mas não menos importante, alfa que é alfa SABE que relacionamentos vêm e vão. Se um não deu certo, pode ter certeza de que dezenas de outros esperam na próxima esquina. E quem escolhe dar abertura para um novo relacionamento é e sempre será VOCÊ. Se pensar diferente, é você que está se boicotando. De uma forma ou de outra, você está com cagaço de sofrer de novo e inventa as mais variadas desculpas pro mundo – e pra você – pra não querer viver a vida plenamente. E aí cai num ciclo vicioso, claro.

Mas a gente acredita que todo mundo pode decidir sair do buraco e se transformar. **O pensamento é a arma mais poderosa que existe dentro de você.** E se está difícil se convencer dessa ideia, enxugar o ranho das choradeiras e sair da toca, aqui vão nossas dicas. Passado o período de LUTO, em que você não consegue nem se mexer direito porque dói, vá ao ataque. E é claro que esse luto não pode durar mais que três dias. Se no quarto dia continuar, tome duas aspirinas e parta pra ação. Pode ter certeza de que, depois de poucos dias adotando esse ritual, você já vai se sentir muito melhor (e vai descobrir que sim, existe vida após o fim de qualquer relacionamento).

1. Obrigue-se a fazer uma coisa diferente todo dia. Não estamos falando de trocar de xampu ou mudar de canal. Estamos falando de sair de casa pra jantar, pegar um cinema ou marcar um café com aquela pessoa que você adora e não vê faz tempo. Oxigene seu cérebro e mude seu jeito de pensar com informações novas. Respire o ar lá fora. Exercite seus músculos e sentidos. Se não tem companhia, não tem problema: saia e faça alguma coisa por conta própria.

2. Tome um banho de loja já – e depois, sempre que der. Mesmo quando você está com pouca grana, sempre dá pra comprar duas peças de roupa diferentes, uns acessórios legais, um gel, um boné, um perfume bom. Renove alguma coisa ou recicle roupas que você nem sabia mais que tinha e use. Se for macho, faça a barba e passe um pente no cabelo; se for mulher, faça uma escova ou empine os tererês. TAN-TO-FAZ. Arrume-se pra sair de casa e, mesmo em casa, fique apresentável. Assim, toda vez que se olhar no espelho, vai ver uma pessoa que GOSTA DE SI MESMA, e não um trapo que não se segura em pé sozinho.

3. Intelectualize-se. Tem preguiça de ler? Na boa, tome vergonha na cara. Vá passear numa livraria e fuce, leia as orelhas dos livros, procure alguma coisa que te chame a atenção (e que seja INTELIGENTE, por favor). Obrigue-se (sim, de novo, porque o que ainda não é hábito precisa primeiro virar obrigação pra depois se tornar uma coisa natural e até uma necessidade!) a ler pelo menos 15 páginas por dia. Pode ser no metrô, no ônibus, na hora do almoço, antes de dormir. Mas leia. Você vai se sentir mais inteligente e não há nada mais gostoso pro ego do que saber que seu intelecto está inchando. Até porque essa é a única coisa que você NUNCA vai perder. Com 85 anos, pode ter peito caído, pinto caído, ruga até no couro cabeludo, ficar careca e corcunda, ter uma pança que dá nó nas costas. Mas a inteligência, se você tiver cultivado a vida toda, fica com você.

4. Cuide do seu corpo. Chega de deixar pra amanhã seu lado físico. Uma das melhores sensações que existem é a de estar bem com o próprio corpo, não só por questão de estética, mas por questão de saúde. Aproveite a virada pra cuidar disso. Matricule-se na academia e vá! Antes da faculdade, depois do trabalho, no fim de semana, quando quiser! Acabe com essa pança mole, enrijeça esses bracinhos de lombriga! Faz um bem danado pra autoestima e ainda descarrega umas endorfinas gostosas no seu cérebro. E você, Mariazinha, que só usa calça larga pra disfarçar o culote, vê se começa logo essa aula de pilates e faz mesmo! Já que a agenda dos jantares e filminhos a dois abriu um espaço que você precisa ocupar com alguma coisa, ocupe SUANDO A REGATINHA E FICANDO EM FORMA. Você só tem a ganhar com isso. Então está esperando o quê pra tomar uma atitude? O colesterol alto, o botão da sua calça estourar ou a sua tia-avó falar que você "já esteve melhor"?!

5. Faça trocas de qualidade. Sem troca não existe vida. Se você ficar trancado em casa chorando as pitangas, não vai nunca sair do lugar. Pior, se sair, vai sair a mesma pessoa que sempre foi (às vezes com a sensação mentirosa de ter mudado "dessa vez"). Então pule pra fora da toca pra encontrar pessoas que valham a pena, que tenham conteúdo novo a oferecer – e que estejam abertas a fazer essa troca com alguém que está buscando conhecer mais e viver melhor. Não estamos falando de trocas amorosas, mas de trocas vitais, ok? Pessoas sábias, amigos que estão fazendo coisas interessantes, gente com quem você esbarrou pela vida e com quem perdeu contato, mas de quem gostaria de se reaproximar. E lembre que, se você estiver seguindo os passos anteriores, com certeza vai ter muita coisa a oferecer nessas trocas. Porque também não adianta grudar em gente interessante, bem resolvida e inteligente feito sanguessuga, esperando só receber estímulo e motivação. Troca não é unilateral – se for, deixa de ser troca pra ser caridade (por parte do outro, claro).

Para fazer, é preciso se visualizar fazendo!

Agora, lembra-se do exemplo da criança que aprende a andar de bicicleta, lá no começo do livro? Ela vai cair – e muito. Mas ela se ENXERGA fazendo aquilo. Esse é o grande segredo para conseguir qualquer coisa na vida. Então olhe para as cinco dicas que demos anteriormente e se dê uma nota em cada um desses quesitos, de 1 a 10. **Mas seja sincero, até porque só você vai saber sua resposta.** Como você está em cada quesito? Já faz essas coisas? De que jeito faz? E quais não faz? Ok. Agora aumente sua nota pra cada um dos quesitos e se VISUALIZE na situação: o que você está fazendo para ter uma nota maior? O que mudou? O que você aprendeu de novo? No que você melhorou? Como você chegou até aí? Por exemplo, se você se dá um 3 atualmente no quesito "cuide do seu corpo!", mas se imaginou agora com um 8, olhando no espelho, feliz da vida com sua silhueta: onde você está pra merecer esse 8? Está na academia, suando a camisa numa aula de musculação? Está comendo uma bela salada no jantar e indo dormir sem atacar a geladeira? E o que você fez pra chegar nisso? Se matriculou na academia e assumiu o compromisso de só poder fazer o que você mais gosta – cinema com os amigos, tomar cerveja no fim de semana, fazer as unhas, ver novela, jogar sinuca, chupar laranja ou seja lá o que for – se tabelar três idas semanais à academia? Parou de entupir a geladeira de doce e fritura? O que você fez pra ser um 8? É importante pra cacete fazer esse exercício de VISUALIZAÇÃO. Com ele você pode melhorar TUDO porque você mesmo vai desenvolver o passo a passo pra chegar lá.

São cinco dicas simples, que você pode adotar desde JÁ. E não há fim de relacionamento, por mais traumático

EPÍLOGO

que seja, que consiga detonar uma pessoa que - olha só - aprendeu a **gostar de si mesma**. E aí, quando pintar gente nova no pedaço, vai ser pra ACRESCENTAR alguma coisa boa no seu mundo (e não pra ser o AR QUE VOCÊ RESPIRA).

HÉTERO, GAY, BISSEXUAL, ENGOLIDOR DE ESPADAS, GATO, PAPAGAIO... É TUDO IGUAL?

BATE-PAPO FATOR ALFA

"Sexualidade é o que você é;
sexo é o que pratica"

Com o polêmico jornalista Felipeh Campos, a gente descobre que gente é gente – só muda o endereço. E fica mais fácil pensar que, pra entender qualquer um, é só querer entender o ser humano

Domingo à tarde. Ele abre a porta de casa e entram os amigos para o programa óbvio de quase todo macho tupiniquim nos domingos à tarde: tomar cerveja vendo jogo de futebol. E é isso que eles fazem, claro, só que com um bom gosto do cacete. Corintiano roxo, Felipeh Campos é fundador da torcida gay "Gaivotas da Fiel" – e um polêmico natural em tudo que faz. Ele é figura carimbada – e necessária – nos mais variados programas de debate e sofás de *talk show* da televisão brasileira. E não tem medo de jogar titica no ventilador, doa a quem doer.

Mas por baixo do couro do jornalista faca-na-caveira, do ex-cantor-ator de *Qual é a Música?*, do torcedor alucinado pelo Timão e do estudante-estudioso de Psicologia existe um ser humano fascinante, sensível, espiritualizado e absolutamente consciente de si – e dos outros. Gay assumido desde que tirou as fraldas, Felipeh tinha que participar deste livro pra dar uma pincelada sobre o fator alfa do universo gay.

A conversa porrada-no-meio-da-cara-da-hipocrisia que tivemos você lê a seguir, para descobrir o que nós descobrimos naquele dia: se héteros e gays se conhecessem um pouco mais, descobririam que os problemas que afligem a humanidade são sempre os mesmos. E que a solução para uma vida mais verdadeira e razoavelmente feliz está, única e simplesmente, nos afetos que cultivamos e nas trocas que fazemos. Ok, nos troca-trocas também. Com vocês, Felipeh Campos!

Bianca - *Felipeh, conversando com o Luiz Felipe Pondé, a gente esbarrou na questão do casal gay: será que os problemas e questionamentos são os mesmos? Ele disse que, a partir do momento em que os gays começaram a entrar numa "normalização social", em que conquistaram ou estão conquistando alguns espaços que antes eram só héteros (união estável, filhos, reunião de pais e mestres, frequentar juntos a festa de fim de ano da empresa, sentir tédio no relacionamento etc.), os problemas passaram a ser basicamente os mesmos, sim. O que você acha?*

Ismael - *Vamos além: os gays são vistos pelos héteros como gente de emancipação, de romper barreiras, ainda mais de uns tempos pra cá, com a Parada Gay etc. Aí eu pergunto: o gay está querendo entrar na rotina, Felipeh?*

Felipeh - Não, não. Eu inclusive sou contra essa ideia de que o casal gay passa a ter os mesmos problemas que o hétero a partir da normalização social. Se falar em termos sociais, legais e de abertura de sair do armário, sim, mas, na verdade, quando você pretende ir morar com alguém, independente de o casal ser gay ou hétero, essa "normalização" sempre vai existir. O gay não vai pôr o lixo pra fora de quatro, não vai vestido de Saci Pererê fazer mercado. Então essa normalização social precisa existir - o direito legal, quando você tem uma reunião estável no relacionamento homoafetivo e que tem outras coisas envolvidas, tipo bens e essas questões. Já o convívio, tanto heterossexual quanto homossexual, é complicado em todas as questões, passa pelas mesmas coisas. Você vai ao mercado, tem que fazer orçamento financeiro, cuidar da casa, administrar. Só que, óbvio, no caso gay você está falando de testosterona correndo dos dois lados, então, quando você vê que os ânimos estão ficando muito acirrados, tem que dar uma baixada na bola senão vai virar briga de porrada mesmo, se duvidar. Então tem que levar de um jeito mais controladinho, mesmo. Agora, a questão de adoção, união estável e coisas assim, eu acredito que ainda não estejam numa normalização, porque é complicado romper essas barreiras. Seria normal se eu entrasse com um processo de adoção e o cara olhasse e falasse "oh, yes, que máximo", mas não é assim. Você recebe MIL visitas na sua casa, é bem complicado. Agora, eu acredito no que vocês disseram: o gay não pode deixar de ter o vanguardismo, sair na frente com as ideias e romper barreiras. Porque a linha entre o gay e o artista é muito tênue. As conquistas e manifestações – e eu acredito que as boas manifestações geram grandes conquistas – são importantes, então o gay não pode deixar esse lado dele. Buscar e ser arrojado, senão você deixa de ter o "conceito", né? Por que as mulheres vão em cabeleireiro gay e não no hétero? Por que escolhem o maquiador gay? Porque sabem que o cara é criativo, é artista. Por que mulher e homem procuram estilista gay e não o alfaiate clássico? Porque ele tem um olhar diferente pras coisas.

Ismael – *Então vamos começar lá de trás, que a gente começou meio que pelo fim da história. No momento da descoberta sexual, o que você acha que é uma maneira bacana e arrojada de o gay se desvendar? Porque dificuldade vai ter, seja hétero ou gay. Mas como descasca essa cebola?*

Felipeh – Vou falar em cima da experiência da maioria e não da minha, porque a minha sexualidade nunca foi um tabu dentro de casa. Eu sempre fui criado como gay e isso é uma exceção. Geralmente existe uma repressão muito forte. Então, em primeiro lugar, o homem tem que ter certeza de que é gay antes de assumir. Porque a gente está falando de sexualidade e a sexualidade é tão linda que um homem pode ter uma relação homoafetiva e não ser gay! Ele pode transar com outro homem em um momento, mas isso não vai determinar a sexualidade dele: ele está vivendo uma atração homoafetiva naquele momento, mas isso não significa que ele é gay. A sexualidade vai ser definida a partir do SENTIMENTO. Você pode ser um gay e viver uma relação heterossexual e vice-versa. Mas a definição é muito difícil de aceitar pra qualquer gay. Porque o que acontece quando um homem acha que é gay é que ele mesmo começa a se boicotar. Vai se colocando no armário cada vez mais, se trancando na gaveta e deixando essa história lá atrás. Aí começam as relações promíscuas, na calada da noite, começa a pegar garoto de programa e todo o lado obscuro do homossexual.

Sabe aquela música "Os cegos do castelo", dos Titãs? Uma vez na faculdade eu fiz um trabalho sobre ela porque acho que essa música tem não só uma conotação homossexual muito forte, mas fala de libertação. "Eu não quero mais mentir", não quero mais viver nesse papel em que todo mundo me vê como um homem engravatado como esses executivos que estão aqui almoçando. Quem vai me dizer que, de repente, no final da tarde, um desses executivos não vai se deitar com um homem? "Usar espinhos que só causam dor" – o que são esses espinhos? São as amarras da vida que você mesmo se coloca. É o terno mal usado, a gravata mal usada, é toda a simbologia heterossexual masculina com que você precisa se calçar pra mostrar pro mundo quem você NÃO é – essa é a grande verdade. "Eu não enxergo mais o inferno que me atraiu" – quando você consegue começar a entender a questão da sexualidade e o que é realmente ser gay, começa a sair desse lado da prostituição, da promiscuidade, em que você até se envolve com drogas...

Bianca – *Parece que é um pacote que vem junto, né? Drogas, sexo e rock'n'roll.*

Felipeh – Exato, pra quem ainda não conseguiu quebrar essas amarras!

Ismael – *Mas olha que louco: a gente começou essa conversa achando que ia falar do "trepar" e você começou falando do "gostar". Aí entramos no estereótipo do heterossexual, terno e gravata. Mas se, por exemplo, eu estou achando que sou gay, existe um estereótipo que está no senso comum – e que é diferente de você, que pensa mais profundamente sobre a questão. E qual vai ser a minha primeira ideia? Vou sair trepando porque é o que eu vejo por aí, é o que eu vejo na Parada Gay. E o que cria a simbologia e iconografia são as manifestações populares – e é o que a gente vê ser perpetuado por muitos gays. Pelo que estou vendo, você é meio avesso a tudo isso. Fale um pouco disso, porque se eu sou adolescente hoje e descubro que não gosto de mulher, eu vou seguir por esse caminho porque ESSES são os modelos que me são apresentados. Fale um pouco disso.*

Felipeh – Bom, primeiro que eu não acredito na Parada Gay de hoje. Eu participei da primeira, há 18 anos, que era uma parada política que realmente defendia alguma coisa. Hoje virou um conceito de briga, prostituição, drogas, carnaval – parece algo como "vamos parar pra ver os veados passarem". Então agora eu procuro fazer as minhas próprias manifestações sozinho. Eu casei, deu uma mídia absurda, depois teve o lance da torcida gay... Acho que as pessoas dão muito mais atenção do que se você passar o dia num trio elétrico na Paulista fazendo oba-oba. Agora, sobre a questão do jovem, eu acho que se está achando que é, vai se experimentar. Isso não quer dizer necessariamente que você precisa sair trepando com todo mundo, não é isso. Mas vá sentir, vá ver qual é, vá beijar, sentir o sabor da história toda. Não é aquela coisa de "ai, você pega no meu pau, eu pego no seu, vamos brincar de bolinha!". Não, está muito longe disso. O desejo, o carinho e o amor são diferentes. O sexo – acho que isso é muito piegas... mas o sexo é um complemento da relação. Para tirar a roupa eu sou MUITO complicado. Adoro ficar pelado, mas pra alguém deitar comigo, eu tenho que estar extremamente envolvido, senão não rola, não vai acontecer.

Bianca – *Mas voltando um pouco: antes de o cara ter aquela certeza de que é gay e sair pro mundo, é legal ele experimentar bastante e ver se a coisa pega mesmo em todos os termos – tanto no sexual quanto no afetivo – e, antes de ter essa certeza, ficar na dele, não dividir isso com as pessoas e o mundo? A dica é "segure a periquita pra não ter problema antes da hora"?*

Felipeh – Na verdade, eu acho que o que vai promover isso é: se você está com uma dúvida, precisa tirar. E como? Vivendo de algum jeito: seja na terapia, procurando um psicólogo, ou indo a uma balada gay, conhecendo um carinha e conversando, tirando suas dúvidas... Não é vergonha falar que está conhecendo o mundo gay porque não sabe se é ou não e pedir ajuda! As coisas têm que funcionar dessa forma. É óbvio que você tem que ter muita ciência daquilo que você é e não do que as pessoas podem impor pra você. Você tem que ter uma cabeça boa, senão você pode se perder nesse caminho.

Ismael – *A gente recebe umas dúvidas por e-mail, como de uma mulher que disse que o marido começou a transar com ela vendo filme pornô de travesti. Ela perguntou: "Será que ele é gay?". E há também aqueles casos de casamentos de 30 anos que acabam porque a esposa pega o marido com outro cara na cama ou percebe que ele é gay. Então a gente começou falando do adolescente, mas tem gente que espera 30 anos pra "se descobrir". O cara não gosta de mulher, mas está numa relação hétero porque tem que estar ou porque às vezes nem pensou no caso mesmo. Existe um guia meio prático pra perceber?*

Felipeh – É que muitas vezes o cara escondeu isso dentro da gaveta por muito tempo e a coisa mofou, sabe? É como resiliência – se você pega uma boia e vai afundando com ela na piscina cada vez mais, na hora que você soltar ela vai subir como uma bomba! Então é isso que acontece: o cara vai se enrustindo, se enrustindo, e quando você solta ele quer "explorar o mundo", porque aí ele se descobriu gay. Então ele quer trepar com todo mundo, quer fazer tudo – e esse é o cara perigoso, porque nem ele sabe o que está fazendo.

Bianca – *Mas no caso dessa leitora, o marido está transando com ela, está tendo uma relação heterossexual com a mulher enquanto vê o vídeo – ou seja, o vídeo é um estímulo visual homossexual. Você acha que esse cara é um gay enrustido ou ele simplesmente tem uma fantasia homoerótica?*

Felipeh – Bom, primeiro que ninguém está numa relação pra ser Sherlock Holmes e ficar tentando identificar alguma coisa: "Ai, será que ele é gay?". Cabe a ela também chegar e falar que não está se sentindo bem com isso, se estiver incomodada. Ela deve falar. Mas todo ser humano tem fantasias. E o que mais se aproxima do hétero no relacionamento homoafetivo realmente é o transexual – porque, na cabeça do homem, ele não está se envolvendo com um homem, e sim com uma mulher. Ele está se relacionando com um homem que é cheio de testosterona como ele, mas a imagem que ele vê é a de uma mulher. Então eu acho que pode ser um estímulo para o casal, sim, mas pra ter certeza é só ela inverter a situação e pedir pra ele pegar um vídeo de duas mulheres transando, pra ver se ele se excita. Às vezes o comando sexual é um pouco burro – você aperta um botão, ele funciona, e aí é só aquele botão. Ele vai fazer aquilo que você quer. Então, se a mulher não vier com outras estratégias, outras historinhas, ele vai acabar se habituando àquilo e se viciando. Mas em primeiro lugar ela tem que ver se quer continuar nessa relação. É hora de avaliar se ama, se quer ou não ficar com ele, se há filhos envolvidos ou não – se bem que filho não segura ninguém. Então, o que eu acho é que se ela quer ficar com esse homem, deve procurar outras saídas: ou conversa e tira a dúvida de cara (porque ficar montando estratégia é um saco, melhor ir direto ao ponto) ou pega um DVD de duas lésbicas, coloca, fala que hoje quer brincar diferente e vê qual é o posicionamento do cara.

Ismael – *E trazer o travesti pra cama do casal? Você acha lúdico, acha arriscado?*

Felipeh – Eu acho que tudo é uma questão de

experimentar, se ela se sentir bem! Todo casal assina um contrato. Se esse contrato é seguido, pode haver oito pessoas em cima da cama. Sexo e amor são coisas distintas. Tenho ódio de quem inclui sexo com amor. Gente, sexo é sexo, amor é amor!

Ismael - *Tá, mas como é que se separam as coisas? Porque há muita dificuldade em fazer isso. As pessoas acham que uma coisa está associada à outra. Está louca pra trepar com alguém, mas não trepa porque não ama, apesar de estar morrendo de tesão pela pessoa. Dá pra dar alguma dica prática, por exemplo, como ser feliz se você está num momento só sexual, sem ficar esperando um amor que talvez não venha naquele momento, mas talvez só dali a dois anos?*

Felipeh - Isso se rolar! Porque o amor é construído, gente. Você não vai amar ninguém do dia pra noite, só se você for um sociopata! Aí você vai abduzir o outro, é diferente. Amor e sexo são coisas diferentes. Sexo: se você teve tesão por alguém, vai lá experimentar, ver qual que é, seja lá o que for. Aí depois amadureça a relação, se quiser. Não tenho nada contra trepar por trepar. Gozou? Tá feliz? Então, tudo bem!

Bianca - *Felipeh, tenho aqui um questionamento de muito tempo atrás. Meus pais tinham um casal de amigas lésbicas que estavam juntas fazia um tempão, moravam juntas e tal. Eu era adolescente ainda. Anos depois, encontrei com uma delas e soube que tinham se separado. Ela me contou que elas tinham um acordo no casamento que era o seguinte: as duas podiam transar com homens sem problema nenhum, mas com mulheres não. Existia um acordo de fidelidade só para as relações homossexuais. Relações hétero, beleza, mas o problema* *existia em envolver outra mulher. E o problema surgiu quando uma das duas rompeu o acordo e veio outra mulher ali comer da comidinha delas. Aí rolou ciúme e separação porque para a outra, naquele caso, tinha rolado uma traição. Existe essa variável no casal gay, de o relacionamento com um hétero de fora do casal ser menos ameaçador e menos incômodo do que com uma pessoa do mesmo sexo? Ou depende realmente do casal?*

Felipeh – Existem vários tipos de casais, inclusive aqueles que gostam de se enganar bastante. Por exemplo, eu não acreditaria na relação dessas duas mulheres. "Você pode dar à vontade pra qualquer cara, mas pra uma mulher não." Você tem que saber até onde pode ir, tem que ter limite. Senão chega uma hora que você começa a se envolver com tantas pessoas e ter relações absurdas, que você deixa de saber do que gosta: qual é o estereótipo que te atrai, quem são as pessoas que você quer... Porque ficou banal. É simplesmente "vamos abrir as pernas e ver o que acontece".

Ismael – *Chegamos num ponto aqui em que criamos um certo paradoxo. Você está dizendo que muito sexo banaliza o sentimento, mas ao mesmo tempo diz que sexo e amor são coisas separadas. Não estou te botando numa sinuca de bico, é que tem coisa que realmente é paradoxal. Vamos tentar entender.*

Felipeh – Eu acredito nesse paradoxo, ele existe, sim. Mas vai depender muito da relação, se ela é madura ou não. Essa é uma relação bem acordada? Porque se fosse não teria terminado. Então alguma coisa estava faltando – e talvez estivesse faltando amor. Porque se estivesse tudo completinho ali, com certeza a relação não teria acabado. Então faltou amor e as duas continuaram juntas porque era um vício, então elas trepando, cada uma de um lado, até que deu merda. É algo como "eu trepo e me desculpo", sabe? Morder e assoprar.

Ismael – *A gente já chegou a um ponto da conversa em que a gente não está falando de hétero ou gay, mas sim de comportamento – e dá pra ver que a coisa converge totalmente. Uma questão que pega a sexualidade é que às vezes ela tem a ver com rebeldia. Então às vezes eu estou andando na rua e vejo duas menininhas se esfregando, se pegando e posando de lésbicas, mas na verdade você vê que é mais uma rebeldia, uma panfletagem de uma coisa que elas nem conhecem direito, que não é orgânica para elas – diferente de uma coisa afetiva e gostosa. Não é bem um movimento de se descobrir através do outro, mas um movimento exibicionista. Então fale sobre isso: como é a rebeldia para o gay? Existe essa coisa de exercer a sexualidade como uma arma de rebeldia? E como é o panfleto mal acabado que a gente vê por parte de muitos gays? Vamos botar tudo numa bacia pra voltar no que a gente vem conversando aqui que é: sexualidade é gostar, é tesão, tem que ser honesto.*

Felipeh – Só pra ficar claro aqui, sexualidade também é diferente de sexo. SEXUALIDADE É O QUE VOCÊ É, SEXO É O QUE VOCÊ PRATICA. Sexualidade é aquilo: você é hétero, é gay, é bi ou não é coisa nenhuma – você pode ser um zigoto, e daí? Agora, como você vai praticar isso? Seja com um homem, uma mulher, várias pessoas, uma bacanal, do jeito que for!

Ismael – *Mas então olha: eu estava conversando com um amigo psicólogo sobre essas meninas novinhas, às vezes pré-adolescentes, que se declaram lésbicas e ficam gritando aos quatro ventos que odeiam homem.*

Felipeh – Na verdade, elas estão gritando "eu amo homem! Eu amo homem!".

Ismael - *Você acaba de escancarar aqui outro lado que eu nem estava imaginando. Porque o que esse amigo me falou é que, na verdade, essa menina cresceu em um lar em que, desde a vida intrauterina, ela ouve a mãe dizer que homem não presta porque não teve uma relação bacana com homens. Então há também o lado inverso do "sair do armário": eu, por exemplo, não me sinto atraído por outros homens, mas gosto muito da atitude vanguardista do gay, essa coisa de quebrar paradigmas. Então será que não tem também o adolescente que quer ser "moderno" e escolhe ser gay porque isso é mais moderno e descolado do que ser hétero? Isso acontece?*

Felipeh - Ninguém vai dar o cu por modernidade. Desculpe, estou sendo meio deselegante, mas mais claro do que isso não dá.

Bianca - *Só que é o seguinte: para as meninas é diferente (e estou falando isso porque tenho muitas priminhas de 13, 14 anos que estão nessa). Elas avançam o sinal - e eu não sei se essa coisa da sexualidade já está mesmo definida para elas. Como a questão do sexo de mulher com mulher é um pouco menos invasiva, mulher inclusive anda de mãos dadas e toma banho junto na boa, você vê que tem uma ou outra nesse grupinho que não é lésbica, está só fazendo pra provocar, encher o saco dos pais. Ou até só pra ser moderna e, pra ela, a definição de "moderna" é se relacionar com outras mulheres. Você acha que esse caso é diferente do menino gay ou não - se elas estão beijando e transando, não é por modernidade?*

Felipeh - Eu acho que gay é gay, ponto final. O que a gente precisa diferenciar são os seres humanos, porque ninguém é igual a ninguém. Então, no caso dessas adolescentes, que a gente sabe que existem, eu acho que está havendo uma descoberta, que pode vir através de uma manifestação mais rebelde em função da própria idade. Não é meu papel ser conselheiro de ninguém, mas o que eu acho que os pais ou a família deveria fazer nesses casos é deixar rolar. Deixa rolar, porque quanto mais você proíbe e briga, menos você deixa a pessoa realmente se descobrir. A sexualidade segue um curso normal. Se for pra ser, vai ser; se não for, não vai. E eu repito: viver uma relação homossexual num momento da vida não significa que você é homossexual. Você está numa relação homoafetiva, mas isso não vai determinar sua sexualidade. Assim como eu posso ser um homem gay e viver uma relação heterossexual e você ser uma mulher que gosta de homem, mas pode viver uma relação homoafetiva. E isso pode acontecer, como pode não acontecer.

Ismael - *Então vamos começar com as dicas práticas. A gente tem um público grande de pais e mães com filhos adolescentes ou já adultos. Você disse que na sua casa a sexualidade nunca foi um tabu. Que dica você dá para os pais que estão com problemas com a sexualidade do filho ou da filha, independente de qual for?*

Felipeh - Em primeiro lugar, o problema não é do filho. O problema é dessa mãe, é desse pai. Eles é que não estão aceitando e estão tendo uma atitude preconceituosa. O preconceito é uma atitude como qualquer outra - existe o amor, o ódio, todos os sentimentos possíveis e imagináveis, e existe o preconceito também. E quem não está sabendo lidar com ele tem que procurar ajuda, obviamente.

Bianca - *Preconceito tem cura?*

Felipeh - Não sei se tem cura, mas acho que você pode amenizar, porque você é preconceituoso quando não conhece. Tem gente que pode ter preconceito desse turbante que eu estou usando, dos seus *dreads* ou da calça cor de melancia da Bianca. O preconceito não está somente no ser ou na sexualidade, ele está em tudo. Então cabe à pessoa descobrir se é ou não preconceituosa com uma coisa e por quê. Eu acho que o preconceituoso sofre porque esse sentimento não vem sozinho. Vem com inveja, raiva, ódio e outros sentimentos destrutivos.

Ismael - *Mas a gente quer que essa relação entre pais e filhos seja legal. Então como eles começam esse diálogo?*

Felipeh - Primeiro, não pode fingir que está tudo bem. Não está, existe um incômodo. Porque é muito mais fácil pra família colocar embaixo do tapete, tipo "vamos fingir que está tudo bem, não tem nada acontecendo, o Edsinho está chegando aqui, não comentem nada, ele É homem", entendeu? Mentira, ele não é. Então vamos colocar os pingos nos "is" e começar a elaborar a questão. Dicas: entrar no assunto de uma forma muito delicada, sutil; ter um diálogo muito forte com o filho, explicando o que é e o que não é; apenas ouvindo o que o filho tem pra dizer, não recriminar a partir do momento que ele é gay e quer se assumir. Porque se ele não for um gay bem resolvido dentro de casa, ele vai procurar esse apoio na rua. E esse não é o melhor lugar para procurar apoio.

Bianca - *Sem contar que ele vai se afastar, vai sumir no mundo, vai atrás de um lugar onde possa ser ele mesmo.*

Felipeh - Exatamente. Então eu acredito muito na postura de os pais observarem e, se estiver incomodando muito, conversem. "Eu preciso ter uma resposta sua."

No meu caso, eu nunca precisei falar nada pros meus pais. Meus namorados sempre frequentaram a minha casa, eu sempre fui um cara muito bem resolvido, graças a Deus. Então da mesma forma que as festas de fim de ano e viagens eram planejadas com as namoradas do meu irmão, eu levava os meus namorados também. Nós sempre tivemos uma abertura muito grande dentro de casa. Eu realmente acho que tem que ir por esse caminho.

Bianca – *Agora, se os pais são do tipo que não lidam bem com isso, se sentiram incomodados, foram conversar com o filho ou a filha e a resposta foi "sim, sou gay", que tipos de ferramentas eles podem e precisam procurar pra conseguir começar a enxergar com naturalidade e a entender? Além do diálogo, existem terapias, palestras, livros que ajudem a lidar com o sentimento deles?*

Felipeh – Existe um livro do Humberto Rodrigues chamado *O amor entre iguais*, que é fantástico, e *Devassos no paraíso*, do João Silvério Trevisan, em que ele conta a história da homossexualidade no Brasil desde o período colonial. Tem também o filme *Tatuagem*, de Hilton Lacerda, que é sensacional. Assim, a gente sabe que a homossexualidade existe desde antes de Cristo, então, se ela é um tabu até hoje, é porque não é entendida nem discutida dentro das casas. Em casa a gente discute política, salário da empregada, a administração da própria casa, tudo – mas o mais importante, que é o ser humano, a gente não discute. Então, pra quem gosta de ler, eu indico esses e outros livros sobre a questão pra tentar entender. Não entendeu? Vá para uma terapia, procure ajuda com um psicólogo, tente esclarecer suas dúvidas. Não tem dinheiro pra ir pra terapia? Há tantos programas de entrevistas na TV com psicólogos, mande e-mail, pergunte, vá atrás. Se interesse, porque é a vida do seu filho que está em jogo. É muito mais fácil você procurar entender do que ficar recriminando, senão você vai perder seu filho de vista! Eu conheço um caso absurdo – quer dizer, achei fantástico – de um pai que entrevistei para o *SuperPop* uma vez. Ele recriminava tanto o filho por ser gay, mas tanto e tanto, que ele começou a ler sobre homossexualidade, pesquisar... E aí ele se descobriu homossexual! Só que a sexualidade dele estava tão oprimida e reprimida no inconsciente que ele não conseguia enxergar a sexualidade do próprio filho, e isso dava um asco no pai.

Bianca – *Agora vamos brincar, Felipeh. O carinha está na balada e quer se dar bem. Quero dicas para o cara que quer só se dar bem por uma noite e tchau e também dicas para quem espera uma ligação no dia seguinte. Que tipo de pegada cada um tem que ter?*

Felipeh – Pois é, não é só a mulher que espera ligação no dia seguinte, todo mundo espera! Mas em primeiro lugar você tem que ir mais ou menos com o perfil do que você quer, porque a balada é uma feira muito grande. Se você não tiver um foco no que quer, no estereótipo do homem ou mulher de que você gosta, vai acabar pegando qualquer coisa. Então como é? Alto, magro? Gostoso, forte? Gordo? Mediano? Tem olho claro? É negão, usa *dread*? Como é a pessoa que você procura? E aí deixe clara sua intenção. Paquere, jogue um olharzinho, brinque. Se o cara está bebendo, mande uma bebidinha pra ele, sabe? E vai quebrando o gelo e deixando claro o que você quer.

Ismael, empolgadinho e nervosinho – *Eu tenho uma pergunta final que PRECISA estar no livro. Felipeh,* *por que cazzo quando um gay está xavecando um heterossexual o argumento recorrente é: "Você não é gay porque nunca provou". Tem muitos gays – não sei se são todos – que gostam de dizer que o hétero só não é gay porque nunca experimentou. Eu quero saber se isso é um xaveco furado do gay que quer comer ou dar pro hétero ou se realmente o gay acredita que o mundo é gay.*

Felipeh – Não, o mundo não é gay, não. Se fosse, desculpe, as pessoas seriam loucas.

Bianca – *E muito mais chiques!*

Felipeh – E muito mais simples pra resolver tudo, né? Mas acho que isso é uma onipotência do gay. Assim como quando o hétero quer comer uma menina e usa de todos os artifícios possíveis pra conseguir, o gay também vai usar os argumentos que ele tem, porque vai que cola! Mas eu acho um pouco burrice. Eu, por exemplo, não vou nunca entrar numas de ir atrás de hétero.

Ismael – *Mas não é gostoso? Vamos entrar nos meandros da coisa. Eu, por exemplo, morei por dois anos com uma lésbica que era lésbica convicta até me conhecer. E ela se casou comigo, nunca tinha tido outro homem na vida. Não existe um fetiche nessa coisa de converter a pessoa pra uma prática sexual nossa? É gostosinho, vai, estou falando aqui só do lado do tesãozinho!*

Felipeh – Isso já rolou comigo também, mas não de eu chegar pro cara e ficar na orelha dele falando "ai, o mundo é gay!". O cara era hétero, a gente começou a conversar, a se conhecer e acabou rolando. Eu não fiquei com esse discurso imbecil, até porque sou muito direto: se eu estou a fim, eu falo e pronto, sabe? Mas acho que existe, sim, esse gostinho de literalmente entrar no outro mundo, porque é uma coisa que mexe com o ego, aquela coisa da vitória: "Olha como eu sou gostoso, eu consegui trazer o cara pra minha camaaa, cacete!". Enfim, só sei que muitos héteros já rodaram do meu lado, viu, meu amor!

Ismael - *Uma pergunta, que eu acho que a gente já respondeu: está todo mundo atrás da mesma coisa, independente de ser gay, hétero, cachorro, gato ou papagaio?*

Felipeh - Gente, vamos ser felizes! Se você acha que sexo é a melhor coisa da sua vida, então faça muito, trepe, se descabele todos os dias, meu amor. Se você acha que é comprar, então vá lá, compre absurdos, estoure o cartão de crédito, dane-se! Eu acho que nós temos que fazer aquilo que nos faz bem. Eu sou muito a favor do experimentar. Vá, faça tudo que você quer. Se você tiver que se arrepender, que seja daquilo que você fez, e não de ter deixado de fazer algo. Todo mundo tem que aproveitar o que tem de melhor, saber quais são seus desejos e ir pro ataque. Vá pro ataque! Esse é o grande barato da vida.

POSFÁCIO

UM "MEA CULPA", UMA BREVE CONCLUSÃO E UM CONVITE DOS AUTORES A EXPANDIR A BRIGA... QUER DIZER, A DISCUSSÃO!

Você deve ter percebido que, ao longo deste livro, a gente brigou, sofreu, riu, fez as pazes, ficou nervoso de novo... O processo de escrever veio de viver – e o que você leu até aqui não foi simplesmente um relato de experiências sem remendo, mas o resultado de um monte de processos (in)concluídos pelos quais nós mesmos passamos. A ideia não é apresentar verdades, mas sim gerar discussão (assim como cada linha que você leu até agora gerou e vai continuar gerando entre nós).

Então agora abra o livro em qualquer página e encontre os pontos em que você DISCORDA de nós. Leia este livro com namorados, namoradas, marido, mulher, filhos, amigos e amigas. Leia com sua mãe, com seu pai, leia de novo sozinho ou sozinha. Leia e DISCUTA com você e com os outros a partir do tema. O exercício, aqui, é para transformar sua matéria bruta em matéria criativa.

Para isso acontecer, você vai ter que espremer seus limões, pisar nas suas uvas, socar seu alho, sovar seu pão, derreter sua manteiga, quebrar seus ovos... E tenha em mente que não é só a partir de ovos que se faz um omelete. Na vida, você nem precisa dos ovos pra isso. Às vezes, merda vira caviar. É fazer praticamente um **processo de ALQUIMIA** pra deixar de lado os pensamentos velhos e botar os neurônios pra fritar em prol de uma nova forma de ser e existir. É uma transformação que envolve tudo, do seu corpo às suas crenças mais enraizadas. Essa mudança exige que você ROMPA com suas inércias e se MOVIMENTE. Se você está confortável numa rotina – mesmo que ela pareça boa e tranquila, a princípio –, comece já a se movimentar. Caramba, se na natureza o que se move é VIDA e o que não se mexe é MORTE, por que cargas d'água isso seria diferente com a gente ou com você?! Então deixe de viver fantasias de segurança em que você acha que do jeito que está, está melhor. Não está. **Sempre dá pra buscar mais refinamento em qualquer esfera da vida.**

"Ei, mas até agora vocês falaram sem frescura, por que estão vindo com essa de refinamento?!". Porque refinar não é andar de primeira classe no avião, peidar só quando está no banheiro ou levantar o dedinho quando está tomando chá! **Refinar é aprimorar, apurar, tirar as coisas que estão poluindo e deixar sua matéria mais pura!** E não, não é pura no sentido de inocente, faça o favor. Então, se você faz uma coisa bem, procure fazer melhor. E se você faz mal, corra mais atrás ainda. Pra sentir que está vivo, gere movimento na sua vida. Gere trocas e refine-se para trocar mais com gente mais refinada ainda.

Esse é o nosso jeito de viver a vida e as relações. Qual é o seu? REFINE-O. E conte pra gente – brigando, discordando ou acrescentando, no blog, no Facebook, no Instagram, onde quiser – o que é que você faz, o que é que você fez. Porque a discussão, assim como a vida, tem que permanecer em movimento (e mudar de direção sempre que esse movimento mandar). O importante é lidar de forma criativa e pessoal – de maneira alfa, portanto – com aquilo que você tem de mais precioso pra oferecer pra si mesmo e pro mundo: **VOCÊ.**

Bianca Zanatta e Ismael de Araujo
www.fatoralfa.blogspot.com.br

MATRIX